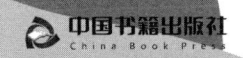

智慧铸师魂

李俊 著

中国书籍出版社

图书在版编目（CIP）数据

智慧铸师魂/李俊著. -- 北京：中国书籍出版社，2023.6

ISBN 978-7-5068-9457-9

Ⅰ.①智… Ⅱ.①李… Ⅲ.①教育工作-文集 Ⅳ.①G4-53

中国国家版本馆 CIP 数据核字（2023）第 109475 号

智慧铸师魂

李　俊　著

图书策划	许甜甜　成晓春
责任编辑	李　新
装帧设计	书香力扬
责任印制	孙马飞　马　芝
出版发行	中国书籍出版社
地　　址	北京市丰台区三路居路 97 号（邮编：100073）
电　　话	（010）52257143（总编室）（010）52257140（发行部）
电子邮箱	eo@chinabp.com.cn
经　　销	全国新华书店
印　　刷	四川科德彩色数码科技有限公司
开　　本	880 毫米×1230 毫米　1/32
字　　数	182 千字
印　　张	8.125
版　　次	2023 年 6 月第 1 版
印　　次	2023 年 6 月第 1 次印刷
书　　号	ISBN 978-7-5068-9457-9
定　　价	68.00 元

版权所有　翻印必究

《智慧铸师魂》札记

陈荣华

一个偶然的机会,在十一中,拜会了李俊,他是校长,我是串校的过客,有过一些交流。断断续续地,又去过几次,于其人其事其文多了一些耳闻目睹,当然,听得多的是曾经的同事李志杰,他开口闭口"我们李校长……",赏识之情、崇拜之意、敬仰之韵溢于言表,大脑里,李俊校长便有了一些轮廓。这个人物形象的丰满,还是在我们成为同事之后。

文如其人。是的,一点儿也不错,他的言谈举止,一如他的文采,让人心动,令人百读不厌,使人刻骨铭心……

一

我见过很多校长,有劳累校长,有智慧校长,有智能校长,也有"躺平校长",于李俊,他属于哪一种类型呢?李俊是"从农村走向城市"的,而今的湘南红军学校在宜章算得上是一所大学校,有六千多名学生,三百多名教职员工,他操心的事情肯定一串接一串,可是,谁也没见着他身心疲惫的样子。记忆里,他总是那样活力四射，光彩耀眼。

读完"治校方略"才知道，无法简简单单地把李俊硬塞进哪一个类别，李俊就是李俊！在他身上，有勤奋，有智慧，更有智能。

这些年来，他一直致力于"修师德，育师才，提师能"，构建校长讲坛平台，打造高素质的师资队伍，他善于点亮老师们的心灯，发挥大家的聪明才智，把特长教育发挥到极致。

李俊校长是擅长做规划的人，从教二十三年以来，于教育教学，于班级管理，于学校管理，总是谋定而后动，我问他到底做了多少个三年行动发展规划，他总是一笑置之。从红军学校"三年行动发展规划"不难看出，李俊校长心细如发，方方面面的预案都做得异常到位，这是他当"管家婆"的特异功能，也是他多年经营学校的真实写照。

二

从语文老师中脱颖而出的学校管理者都有好口才，都有大智慧、大技巧，李俊校长又一次佐证了这一说法。他的即兴演讲说来就来，精彩纷呈，在国旗下的讲话、在家长会上的致词、在开学典礼上的激励、在颁奖晚会上的表彰，总是那样热情洋溢，总是那样精彩延绵，总是那样高潮迭起，总是那样掌声如雷，以至于尖叫声喧天，"震歪"教学大楼……

"学校呼唤奉献者"，他不仅是这样说的，也是这样做的。无论是大会小会，还是私下扯闲篇，只要一逮着机会，李俊校长就呼吁。学校是讲奉献的地方，他身体力行，看的是学校，想的是学校，梦的还是学校的生存与发展。办好一所学校，首要的是

"因地制宜，创新发展"。因地制宜就是要用好人力、物力、财力，始终如一地谋求学校的发展、壮大。当然，无论做什么事情，一帆风顺的有，但更多的却是阻力，是挫折，是困难压头、揪心。李俊校长接二连三地白手起家，从无到有，建十一中，接湘南红军学校，真正做到了"风雨兼程，继往开来"。因为只有这样，也只有这样，才能"让卓越成为你人生亮丽的名片"。

湘南红军学校是一所充盈了红色元素的学校，"传承红色基因，聚焦立德树人，培根铸德育人"是责任，是使命，更是义务。他充分利用本土资源，把《宜章红故事》《宜章百景》《宜章读本》以及"宜章红诗"作为校本教研的乡土教材，打造校园红色文化，夯实校园绿色文化，提升校园精品文化，带头"做爱心使者，成有温度教育"，影响了一大批师生，带动了一大批师生，成就了一大批师生，开创出人人"凝心聚力启新程，踔厉奋发向未来"的大好局面。

三

"骨干老师，就要做教学的能人，就要做教研的旗手！"无巧不成书，无论走到哪里，都能听到李俊校长与老师的倾心交流，他不止一回语重心长地说："我们这个行当，没有成熟的老师，只有不断成长的老师。"过来人都奉信这一条。李俊是把职业当事业做的人，他的班主任工作做得风生水起，他的教研教改业务也经营得风景别致。

有同事介绍，李俊是耐得住寂寞的人。做学问的人，耐得住寂寞是可贵的品质。功利与你无缘，鲜花和掌声与你无缘。据说，有一个学期，他呕心沥血写了二十余篇论文，都压在了书案

智慧铸师魂

上……

见识过李俊的课堂,有思想、有智慧、有高度、有个性,这得益于他潜心培养学生有感情地朗读。农村学生有一个通病,习惯于数读,三四个字一停顿,成为规范,好像不那样断句就扯不完课文。他做好示范,点面结合,终于引领学生走进了自由发展之路。学生们蹦进课文,扎进情景,扮演角色,发展个性,成就学业。

"你说的怎么尽是优点?"那回找学生谈话,恰好一位姓张的特岗老师也在场,不解地问。

学校教育是一门艺术,而赏识学生则是艺术中的艺术。李俊告诉那位老师,学生都是高智商的人,他们都能心领神会,在老师眼里,除了优点,剩下的是什么就不言而喻了。有时候,不敲打就是最好的鞭挞。这样的教育模式,也只有李俊才运用得娴熟自如。

说到底,读书是学生自己的事。任教初中的李俊,从不把孩子当三岁儿童,从不抱着他们、背着他们走长读书之路。在他心里,学生都是"小大人"了,当学会自己的事情自己做,做老师的,说到底,就是一只"头羊",其作用就是领着羊群奔赴绿茵茵的草地山坡,至于羊们偏爱什么样的"佳肴",得由着各自的性情嗜好。在这种理念的驱动下,他只告诉学生,自己当年是怎么解读课文的。学语文,务必弄清楚写什么,怎么写,为什么这么写,不把简单的读书复杂化。也是,读书既是个体活动,也是群体活动,更多的是个性思维。把方法交给学生,恰如"师傅引进门,修行在个人",你不放手让他实践,又哪来的"自学能力培养策略"的新鲜出炉?

老师都是大能人,似乎什么都要懂、该懂。就为这,李俊博览群书，对书爱不释手，于是才有了后来的厚积薄发，才有了自成一体，才有了自己独特的教育教学风格。

四

在李俊眼里，在李俊心里，学校的老师都特棒。要他说说某某老师的缺点，他默不作声，一侃到某某老师的可圈可点可赞，他便眉飞色舞，如数家珍，回回都滔滔不绝，回回都口若悬河，用他的话说，三天三夜也扯不完哩。

"盛满眼学校的好，老师的好，学生的好，学长的好，党和政府的好，才能充满正能量！"李俊如是说。在李俊看来，念人家的好，是最大的回报，是最大的感恩。

李俊正是走到哪里，便把正能量传递到哪里的人。学校宣传这个板块他看得特重，媒体宣传做得特勤，这与他的勤于笔耕是分不开的。

"有活动，就要有宣传。"宣传，能够鼓动人、凝聚人。他经常这样传经送宝。特别是当校长之后，他十分关注学校的美篇，学校的新闻报道，学校的典型推介。

"不忘来时路，回首总关紧。"这是陈丹华的真实写照，也是学校的真实写照。李俊有一个小本本，密密麻麻记着学校的优秀教师和典型事例，他看重"少先队员的'范'"，他偏爱"走心的教育之师"，他关注"教研的旗手"，他乐道"静姐的三教"，他推介"名师工作室"……这些都是财富，这些都是"校宝"，好多时候，他拍案叫绝，他奋笔疾书，仿佛个"众乐乐"，就夜不成寐——难不成这就是师之魂！

五

李俊是一个喜欢追梦的人。他说，他有好多好多梦，有专家梦，有学者梦，更有少不更事的文学梦。说这些的时候，他两眼贼亮贼亮的，显得异常兴奋。

"语文老师应当会写作！"在语文研讨会上，李俊反复阐述自己的观点。有老师问："你写吗？"他坦言："有空就'操刀'。"确实，李俊一直在写，写学案，写教案，写反思，那是每个老师天天必做的作业。他对自己的要求忒多，除经营论文外，写下水作文成了他的习惯。"你不下水，怎么知道水的深浅？怎么知道学生作文的苦与乐？连这些都不了解，又怎么指导学生作文？"蛮有道理的。

李俊虽然出身于教育世家，书香门第，但他似乎是在乡下长大的，玩过泥巴，放过毫箒，照过鱼，摘过茶花茶耳茶苞……这些素材，成为他日后创作取之不尽、用之不竭的源泉，在文学追梦里，在童趣横生里，都能品味到当年的乐趣。

文化人的成就是读出来的，是做出来的，更是创新出来的。从来没有求异思维的教书匠，他的教育之路肯定是走不远的。在欢送老师光荣退休的会上，他这样总结。与其说是李俊的悟道，不如说是师魂的又一种诠释。

《智慧铸师魂》就要付梓了，我为他高兴，为他点赞。教书育人的人，一路走去，总会留下深深浅浅的脚印。有些脚印，因为没有魂，很快就被岁月的雨水冲刷掉了，留下来的，便凝成一卷经典，凝成一卷《智慧铸师魂》，是为序。

目录
CONTENTS

治校方略篇

在"减负"中更新观念　　002
修师德　育师才　提师能　与时俱进　　004
创新"四个一"管理　争创新时代名校　　007
校长如何充分发挥教师的聪明才智　　012
三年行动发展计划　　015

品读名师篇

少先队员的"范"　　034
走"心"的教育之师　　038
不忘来时路，回首总关情　　044
教研的旗手　　051
"静姐"的三教　　057

激情飞扬篇

因地制宜，创新发展　　　　　　　　　　　　064
风雨兼程共奋斗，继往开来谱华章　　　　　　066
让卓越成为你人生最亮丽的名片　　　　　　　069
学校呼唤奉献者　　　　　　　　　　　　　　073
做爱心传承的使者，成有温度的教育　　　　　076
凝心聚力启新程，踔厉奋发向未来　　　　　　080
传承红色基因，聚焦立德树人，培根铸魂育人　083

教学论文荟萃

说说学生有感情朗读的培养　　　　　　　　　090
初中语文晨读有效性探讨　　　　　　　　　　095
运用现代教育资源，丰富农村语文课堂　　　　098
初中语文课堂教学之我见　　　　　　　　　　104
重视心理健康教育，构建绿色语文课堂　　　　107
初中语文课堂教学中赏识教育的运用　　　　　115
从学生的角度点击语文教学　　　　　　　　　118
中学生离校出走的原因及对策分析　　　　　　123
对教育"问题学生"的反思和对策　　　　　　131
浅谈现代信息技术在学校心理健康教育中的应用　138
争创市级文明标兵校园　　　　　　　　　　　144
浅谈学校养成教育精细化实施　　　　　　　　149
多媒体在语文教学中的应用　　　　　　　　　157
作文批改改革的尝试　　　　　　　　　　　　160

课堂提问的意义与技巧　　165
文言文教学中的整体感悟　　168
与物理老师谈物理教学的生活化　　171
语文教师应当会写作　　174
课文朗读的要素　　177
初中语文自学能力培养策略探索　　180

感悟经典篇

他的心灵是诗的寓所　　186
诗意天籁之音的歌手　　189
家风是卷耐嚼的史诗　　193
不凡的喉歌　　195
百景百味韵千古　　201
宜章诗词的当代价值　　207

媒体写真篇

师心如母，爱无限　　216
闪光的青春　　220
崇德守信，向上向善　　225
精准扶贫著华章　　229
翰墨飘香沁校园，文化育人促和谐　　235

后　记　　244

治校方略篇

在"减负"中更新观念

当今减轻中小学生过重的课业负担是提高民族整体素质,促进青少年健康成长的需要,是提高人才的创新精神和实践能力,增强我国竞争能力的需要,是实施新课改教学,提高教育教学质量的需要。那么,怎样才能把学生过重的课业负担减下来呢?浅层次的理解是:严格控制学生的作业量,控制学生在校时间,控制学生使用的教材量,控制考试次数,取消百分制实行等级制,严禁利用节假日为学生补课,等等。然而,要真正减负哪有这样容易!这种做法是把减负简单化了。因此,真正意义上的减负还需要我们的观念进一步更新。

一、教师观念的更新

教师是教育教学的直接实施者,教师素质的高低,直接影响着教育质量的高低。学校教学,以课堂教学为主渠道,高质量的课堂教学是减轻学生过重负担的关键因素。这就对教师的备课质量、上课质量等方面提出了更高的要求。减负,不允许教师利用课余时间来完成课堂上应该完成的任务;不允许教师用机械重复的大量作业来代替课堂上应该完成的训练;不允许教师用补课形式增加学生和家长的课业负担和经济负担。这就要求教师必须在钻研教材、编写教案、精选习题、教法选择、学法研究上下功夫。也只有在这种前提下，教师在课堂上才能有效地控制课堂，调动学生听课的积极性，真正做到向课堂40分钟索取质量，从而达到减负的目的。

二、家长观念的更新

家长也是减负中的重要因素，要带头更新观念，正视孩子的成长。目前，我国约有3.2亿个家庭，生活在这些家庭中的0—14岁儿童达3.4亿人。有的教育专家甚至响亮地提出：教育的基础在家庭。有"望子成龙"的愿望固然好，但不要"逼子成龙"。家长要给孩子创造一种宽松环境，营造一个良好的氛围，使他们得到读书、学习的熏陶和乐趣，家长要做好"辅导员"和"监督员"的角色，逐渐培养其自律、自学、自强能力，指导孩子向他最感兴趣的方向发展。要知道，将来能成名成家的毕竟是少数，更多的人要成为为祖国添砖加瓦的建设者。孩子的品德好、身心健康才是最重要的。

三、学生观念的更新

学生分数的高低是衡量学业的一个尺度，但绝不是成才的唯一条件，处在基础教育时期的孩子，思想的可塑性极强，作为家庭、学校、社会，要发挥各自特点和教育优势，形成共同育人的合力，引导和帮助学生逐步形成健康的心理，正确的世界观、人生观和价值观，养成勤奋、刻苦、探索、博闻、慎思、好问、有恒的学习品质，礼貌、文雅、友爱、自尊、自重的良好习惯，形成健全健康的人格。另外，"减负"不是对学生要求松了，而是更高更严了，不是任其自由散漫发展，而是更要具有科学性。观念更新了，孩子们也一定能成为真正的高素质人才。

修师德　育师才　提师能　与时俱进

近几年，我从红军学校整体管理工作中来反思教师队伍系列工作，归集了一些教师教学现状，都是结合我在一线与老师的谈心交流中体悟到的。当下师资队伍中少数有如下弊端：吃大锅饭，教好教坏一个样，工资照样提，工作差的也照样评高级教师，师资评价与工作能力和环境不匹配，教与学脱钩，只管教，不管导，穿新鞋，走老路，教新课，用旧法，传统呆板。教者苦，学者难。一个不负责任的教师，将会耽误一代人的前途，对学生造成不可估量的损失……

当今新时代给教师提出了较高的要求，我们执教者要有危机感，查短板，出实招，敢于揭短亮丑，形成竞争意识，不断创新，加强自身学习，先学后教，未教先学，终身学习。一线教师必要掌握一套属于自身教学特色的执教方法，才能与时俱进，不落后时代教育的队伍。

当前，我想在我校实施开展修师德、育师才、提师能工程，真正让教师为人师表，教书育人，做好本职工作。想促进学校工作全面发展，可从以下几点达到此目标：

（一）督促教师严格要求自己，认真学习，适应新时代教育发展的要求。首先给自身充电，当今对学历要求越来越高，要给学生一杯水，自己要有自来水，教师水平、教学能力要与时俱进，教师的教学不能依旧停留在一支粉笔和一块黑板上，现在是多媒体教学，多机一幕，为了适应时代要求，教师自己必须加强学习，做到先有一桶水，才能教给学生一滴水。

（二）督促教师认真工作，努力创新，确立自身危机感。如果采用聘任制，每位教师势必认真做好肩负的工作，并在工作上尽量做出成绩，否则必将遭到解聘。

（三）完善用人机制，能者则上，劣者则下。由于用人制度存在弊端，给教师工作上带来负面影响。因此，只有在定员定岗的基础上，实行聘任制，做到用人合理，才能排除干扰，工作顺畅。

（四）合理分配。对有能力、有成绩、有突出贡献的教师给予适当的加薪，真正体现按劳分配。由于现有的分配制度有不合理现象，会教书的领钱少，不会教书的领钱多，教学有成绩未能得到适当的奖励，评优表模、晋升职称也未能公正合理，所以，未能很好调动教师的教学积极性。为了使分配合理，按工作能力正确评价工作实绩，才能提高工作效率。

（五）能面向社会，给学生或家长一个监督机制。教师在校表现、教态和工作态度如何，学生最清楚。因此，对每一个教师的工作态度、教师素质，也可由任教的学生和家长进行无记名投票，看学生和家长对教师的信任程度，来衡量教师的工作，接受社会的监督，做到家校共管。

现在，新时代、新思维、新理念，各行业都在搞竞争。没有技术能力去竞争，就会被社会淘汰。教育也是一样搞竞争、搞聘任，定员定岗，规定目标和责任制，才能见实效。说实话，教师的素质高低，不是社会风气所造成的，而主要是学校缺乏严格的管理体制，缺乏压力和竞争。现在已进入新时代教育，知识层次越来要求越高，对教师的学识和素质要求越来越严格。因此，我们要千方百计修师德、育师才、提师能，与时俱进。

治校方略篇

创新"四个一"管理　争创新时代名校

我从一名普通教师到班主任、教务干事、政教主任、教务主任、副校长、校长、书记，一路走来，经历了各个层面的管理工作。近几年，我担任十一中（四年）、红军学校（三年）一把手，学校最高层管理的工作令我盘托出新思路、新理念，在品尝酸甜苦辣中，我收获了学校管理的"四大秘诀"，都给我产生了强校的佳绩。

学校管理工作千头万绪。作为书记，在实施对学校的人力、财力、物力的管理过程中，突出"人"的管理至关重要。学校教育教学工作主要是通过每一个工作人员共同完成的。不调动教师工作积极性就不能很好地开展教育教学工作，就无法完成管理的目标，同时，要将新时代习总书记提出的"四有"教师素质落到实处，培养学生成为高素质人才，必须调动教师工作积极性，造就一大批高素质的师资队伍，使全体教职工心往一处想，劲往一处使。

本人任一把手七年来，带领学校领导班子根据学校实际，开创"四个一"教育管理模式，充分调动教师积极性，共同办好学校，取得了一定成绩，改变了学校面貌。

一、确定一个新目标

目标是与一定的需求相联系的对象在主观上的超前反映。一个具有科学性、先进性、可行性的办学目标能促进全校教师团结一致，为了它的实现而各显神通，共创佳绩。

我原来所在的十一中学是两所乡中学合并而成的，后改名为县十一中。当时办学条件和教育质量处于极端低下水平，我们通过研究分析，找出影响教育教学质量的原因，并根据学校实际，明确了一个切合实际的奋斗目标：条件优、设备齐、环境美、师资好、质量高，以及与之相适应的一年上台阶、二年提质量、三年创先进的学年计划和目标，一步一个脚印，一期一个项目，一年变一个样，一年上一个台阶，并认真组织实施，把全校师生员工的精力都吸引到为实现这个目标而奋斗上来。他们教有方向，赶有目标，辛勤耕耘，不断改进教法，为提高教育质量献出了自己的聪明才智。现在学校面貌发生了较大的变化，每年上一个新台阶：教学楼、科学楼、"安居工程"、学生宿舍楼等拔地而起，教学仪器设备达到省级二类学校标准，卫星地面接收站、电脑室、语音室、多媒体室等启用了，校园校道实现了硬化，绿化区成行成排成片，学生综合素质不断提高，一大批品学兼优的学生脱颖而出，一批教师的论文多次获市以上奖励，学校先后被评为县市教学质量先进单位、文明单位等。

如今我所任职的湘南红军学校同样朝着一个新目标奋进，学校面貌发生翻天覆地的变化，2021年被评为郴州市心理学教育示范学校、郴州市少先队工作先进学校、县师德师风先进单位、优质生源学校。

二、制定一套新制度

俗话说：没有规矩，不成方圆；没有制度，不成管理；没有标准，无法评价。我们学校对各项工作、各类人员的要求系统化、规范化、具体化，依据教育方针、政策、教育法规的要求和学校制定的一套行之有效的规章制度，让教职工明确职责，在其位，谋其政，负其责，并将这些管理制度印发给教师，组织他们讨论、学习，贯彻执行。学校依据这些制度进行检查、总结和评估教师的工作，并把执行完成情况记入教师业务档案，作为评职晋级的依据，使学校逐渐走上科学管理的轨道。同时，学校引入各种激励机制，增强教职工的竞争意识，比如目标激励、典型激励、情感激励、物质激励。学校制定了七项竞争激励制度，通过开展评先选优、奖勤罚懒的活动，使工作数量、质量与经济待遇挂钩，对教职工工作做到量大酬重、优秀嘉奖，拉开距离，引导教职工锐意进取、自我调节。

三、树立一批新榜样

榜样的力量是无穷的。教师也需要榜样的引导。因此我校十分注重树立榜样的工作，在树立榜样方面主要做法如下：一是组织全体教师学习各条战线的先进模范人物如刘真茂、谭兰霞等，学习他们不怕艰苦、无私奉献、勇创佳绩的精神。二是培养典型、树立榜样。根据新老教师的各自优势，在业务上开展结对子活动，优势互补，结成师徒，我们提出"老教师要上好示范课、中年教师上好研究课、青年教师上好汇报课"的要求，在不同年龄段的教师中树立了一批样板，使大家学有榜样，从而形成一个你追我赶的良好局面。三是表彰先进、弘扬正气。我们通过校报、会议、广播、专栏等媒介，对在教育教学上做出显著成绩的教师进行大张旗鼓的表彰，做到物质和精神奖励双结合，在全校教师中产生了极大的反响。四是选贤任能，委以重任。学校对在政治上过硬和业务上优秀的教师委以重任，几年来有七位教师或提拔为校级领导、中层干部，或担任教研组长、年级组长、校报编辑等职务，他们既为学校工作注入了生机和活力，又在广大教师面前树立了榜样。五是领导带头，身体力行。古人云：其身正，不令而行；其身不正，虽令不行。学校领导十分重视自身建设，制定了"学校勤政廉政建设的若干规定"等制度，如领导工作要求不得放松、领导福利待遇不搞特殊化、领导住房不高于教师、陪上级领导就餐不超标准等，发挥学校工会和教代会的作用，坚持民主管理学校，这些都在教师中产生了良好的影响。

四、创造一片新环境

人的物质生活条件与工作的成效是密切关联的。影响教师工作积极性的因素有属于个人价值观的、心理情绪倾向的，有属于物质生活、工作环境的，两者亦相互影响、制约。一个教师工作、生活在管理有序合理、和谐团结的集体中，同事之间就会产生认同感、相属感、集体主义观念、集体荣誉感并形成内驱力，达到自我需要的境界，工作效果则佳。所以，在环境上给教师一片和谐团结的氛围是很有必要的。

我校领导十分注重环境对教师工作实效的影响，首先对教师尊重、信任、关心、理解、热情、诚恳，平等待人，不摆架子，不盛气凌人，和教师交朋友，成为教师的贴心人。教师有病，前去探望，教师住院，组织慰问。在处理矛盾时，坚持疏导说理，尽量做到合情合理，宽以待人。其次是帮助教师解决实际问题，尤其是帮助教师解决爱人调动工作的问题以及尽量安排单职工家属在校当临时工等问题，结束他们的"牛郎织女"生活，使之安心工作。第三，提高教师生活待遇，我校通过多种合法途径，开源节流，不断提高教师的生活待遇，基本解决生活的问题。第四，积极争取上级的支持，率先实施"安居工程"，使全体教师住上套间式楼房，并通过师生捐资出力铺设校园道路硬底化，种植绿化带，使工作生活环境更舒适宜人。第五，学校在紧张工作之余还开展丰富多彩、健康向上的校园文化活动，活跃身心、丰富生活、开拓视野、增长才干，如教工篮球、卡拉OK、象棋、乒乓球、羽毛球、排球比赛、外出参观旅游等活动，这样能消除教师之间的隔阂，增进友谊、增强凝聚力，调动教师积极性。

"四个一"教育管理模式，经过几年实践结果表明，符合当前中小学教学改革实际，能促使教师练好教学教研内功，全面推进新时代教学理念，培养一批新时代合格人才。

智慧铸师魂

校长如何充分发挥教师的聪明才智

我校是一所小学中学一贯制学校,有三百多名老师,六千多名学生,是宜章规模最大的学校。作为一名中小学校长,我肩负着用人、管物、理财、办事等各个方面的工作,其中心任务是管好人、用好人,调动广大教职工的主动性、积极性和创造性,从而达到全面提高教育质量之目的。多年的工作实践使我体会到,校长要管好教师队伍,获得管理成效,仅仅依靠自己的专业知识和管理制度是远远不够的,还必须充分发挥广大教师的聪明才智,充分引入激励机制。

要做到充分发挥教师的聪明才智,就要时刻以普通教师的身份出现在教师之中,深入了解每个教师的能力、知识、情感、道德、个性、年龄等各个方面的特点,据以安排他们适当的工作,调动一切积极因素。尤其当下新时代更要有高素质的老师来培训高水平的学生,更需要焕发教师的激情。

如果在实际工作中,校长总是自觉或不自觉地违背上述要求,甚至以一校之长自居、自傲、自大、自以为是,不能平等地同其他教师商量问题、解决难题、研究改进工作,遇事总是个人说了算,这样就势必有损校长威信,挫伤群众的积极性。为了避免这种情况的出现，我们自觉地把学校领导班子置于教师的监督之下，每周在领导班子内，按照各自的分工和职责范围，回顾检查工作，开展批评和自我批评。

每学期结束，学校都组织全体教师对学校领导工作进行讨论评价，肯定成绩，指出不足，提出改进意见。同时，学校领导还经常与教师谈心，教师有困难，尽量想法帮助解决，真心诚意地关心教师的痛痒，与教职工建立融洽的人际关系。这样，关心整个学校工作的同事越来越多，他们都能以主人翁的态度，对学校工作提出合理的建议和修改办法。

要充分发挥教师的聪明才智，还要广泛地听取教师的意见，特别是不同意见，只有这样做，才能充分调动教师的积极性，使管理工作取得成效。例如，在每个学期初制定《工作成绩量化计分办法》时，起初我规定，教师的德、能、勤、绩四个方面的分值各占25%。结果有的教师提出异议，认为这样分配有片面性。现在各个方面都强调效益，在教育上，教师所要具备的各种条件，不外乎也是为了达到取得效率之目的，应该以实绩为重。

经过反复考虑，我觉得这种意见是有道理的，于是在全体教师中表现了自己的态度。结果，老师们不仅自觉地加强了师德、能力等方面的修养，而且在教法上不断探究、更新，走自己独创的教路，在执教课堂时讲究方法、技巧，致使教学质量一直稳步提高。2020年以来，我校有三年在全县升学统考中，各项成绩荣誉居全县同类学校第一（一年）、第二（两年），连年被评为全县教育教学质量先进单位。此外，在两次作文大赛中（县、省两级），我校学生参赛作文均获等级奖或优秀奖。在2021年庆祝建党100周年读书活动知识竞赛中，我校所推荐的参赛同学和辅导教师获得全县读书活动二、三等奖32人，教师辅导优秀奖，学校获组织奖。这件事对我触动较大，它使我认识到，作为中小学校长，要想真正提高管理水平，就要善于集中教师的智慧，善于从教师的不同意见中发现合理的、积极的、有正能量的因素，并激励他们在各自岗位上自觉担当职责，扎实肯干，默默奉献，把自身的各项工作做好，促使学校工作有效高效全面发展。

三年行动发展计划

学校发展定位：坚持以人为本、内涵发展的道路，用科学发展观统领学校各项工作，夯实红色文化基础，深入践行社会主义核心价值观，依托现代信息技术手段，吸纳优质教育资源，培育校园人文氛围，建立满足学生多元化发展的教学体系，用爱心和责任强化服务意识，促进校园和谐，用文化凝聚校园精神、引领学生成长，通过深化学校发展内涵，优化学校管理，提升学生素质，提高教育质量，把学校建设成为学生快乐成长、健康成长的摇篮。

办学理念：为学生的终身发展奠基，为教师的专业成长铺路。

办学方向：学生快乐、教师幸福、社会满意。

办学目标：四个一流——一流办学条件，一流师资队伍，一流管理水平，一流教育质量。

校　训：厚德、博学、勤勉、创新。

校　风：文明、和谐、阳光、进取。

教　风：敬业、严谨、爱生、奉献。

学　风：勤学奋进、全面发展。

第一章　学校发展三年总体目标

以党建工作为引领，依托丰富的红色文化资源，深入践行社会主义核心价值观，提升办学品位，走跨越式的发展道路，努力把宜章县湘南红军学校办成管理科学人文化、教学名师化、学生全面发展又特长突出、学校特色鲜明的省市级示范性学校，"党建+"示范单位。

（一）育人目标

构建起促进学生健全人格形成，适合学生个性发展的教育。树立正确的人生观、世界观、价值观，具有自尊自爱、诚实守信、积极进取、经受挫折等心理品质和一定的明辨是非、抵御不良诱惑的能力。培养学生良好的生活习惯，学习习惯，行为习惯。对学生进行"养成教育"，形成良好的行为习惯和道德品质，培养学生良好的意志品质、健全人格和远大理想，争创养成教育之红色少年示范校。

（二）近期目标

强化安全教育管理，打造平安校园；完善初中部硬件、校园文化等方面的建设；分学段设立目标，建立九年一贯制特长生培养方案，力争达高考专业水平；充分利用好"宜章县爱国主义教育基地"和"全国红军小学五星级学校"的办学基础和优势，传承红色校园文化建设，创全国示范性红军小学；争创校园足球、篮球、田径、音乐、美术等体艺特色校。

（三）中远期目标

办学条件与教育质量均达到高标准，形成鲜明的办学特色，达到真正的均衡发展，成为社会认可、人民满意、教师幸福、学生快乐的一流学校。

进行5.5+3.5学制的尝试，使教学质量再上台阶；争创省级示范性高中优质生源基地；培养一批县、市、省级名师；办成宜章县教育改革和发展的科研基地；争创课后辅导示范校、自学能力培养基地；充分利用现代技术，建立智慧校园；以科普创新教育推动学校创新发展，创湖南省知识产权示范校。

第二章　具体实施策略

（一）"党建+"示范单位建设

1. 责任部门：党支部、校长室、党建办

2. 指导思想及目标：高举习近平新时代中国特色社会主义思想伟大旗帜，全面落实党的十九大确定的教育方针，紧紧围绕办人民满意的教育的要求，着眼于保持和发挥党的先进性，增强党组织的凝聚力，切实加强党的基层组织建设，力争在三年内将学校"党建+师德师风""党建+德育教育""党建+教育教学"等方面的内容进行深度融合，将学校党支部建设成"党建+"示范单位，实现学校教育事业健康协调可持续发展。

3. 主要措施：

①党建+师德师风，促责任担当

发挥党员的示范作用、引领作用。以党员干部的优良作风引领教师的师德师风。

内化学习树形象。加强教职工的思想政治理论的学习，党员干部思想队伍建设，是支部开展工作的前提与保证。开展师德教育等活动，形成良好的师德师风。

以评优评先活动为抓手，营造积极向上的校园氛围。通过每年开展"师德标兵""优秀教师""先进党员"评选活动，开展师德演讲比赛，举行优秀教师事迹报告会等活动，努力营造以德治校、以德育人、以德修身的良好氛围，推动师德建设工作再上新台阶。

②党建+德育教育，促融为一体

把德育主题、红色文化等有机结合在一起，以活动体验、主题教育以及现场体验的形式，把家庭、学校、学科、党建等几大文化内涵深刻地融合在一起，使社会、家庭和学校之间建立一座沟通的桥梁，让党建文化的发展过程中有拓展、有内容、有实效、有载体。

③党建+教育教学，促质量提高

以教学竞赛活动为载体，搭建彰显才华的展示平台。学校立足于"减负、提质、增效"高效课堂的建设，组织开展以教研组和校级为主的公开教学活动，每周三进行，对常态下的课堂教学进行"问症"，每期学校分学科举行党员教师课堂教学基本功大赛，从中发现和培养青年骨干教师。

以结对共同成长为纽带，打造素质优良的教师群体。学校党支部认真组织开展"党员与入党积极分子结对""优秀教师与青年教师结对"活动，成立"名师工作室"，充分发挥其示范、指导、引领作用，为教师间的相互学习、合作搭建一个共同成长的平台，进而带动学校整体师资水平的提升，提高教育教学质量。

（二）项目建设

1. 责任部门：党支部、校长室、项目办、总务处

2. 指导思想：依法依规，开源节流，质量第一，安全至上。

3. 工作目标：完善学校项目建设，加大建设和改造力度，进一步改善办学条件。

4. 主要措施：多方争取中省和专项资金，合理有度使用公用经费。

5. 年度目标：

2020—2021 学年完成初中部田径场、体育馆、食堂建设；职工之家建设；围墙建设；录课室建设。

2021—2022 学年完成小学部田径场修建；初中部校园绿化、亮化、美化；校园主干道白改黑。

2022—2023 学年完成红色校园文化建设。

(三) 基础发展项目

1. 师资队伍建设

（1）责任部门：党支部、校长室、教研室

（2）管理目标：加强教师队伍建设，深入推进基础教育课程改革。不断完善学校校本研修机制，探索多样、务实的教师培养模式，树立"发展教师就是发展学校"的理念，努力培养出 30% 的县、市级骨干教师、优秀班主任。

（3）年度目标：

2020—2021 学年，通过校本教研、网络培训学习、青蓝工程、"请进来，走出去"、平台展示等活动的开展，不断提高教师业务素质和专业水平，打造一支高素质的教师队伍。加强教师队伍建设，明确教师职责，定期召开教师会议，着重剖析、研究教育教学中出现的难点、热点、焦点问题，提高教育教学工作的艺术；学校教研室出台"合格教师""骨干教师""名优教师"标准，摸清底子，对标对表画像，开展校级名师、骨干教师、优秀班主任、先进教研组评选，发挥名师引领作用，为教师的专业成长架桥铺路，培养有5%的县级骨干教师。

2021—2022学年，加强教师队伍建设，不断提高教师队伍素质。通过与省市名校合作，拓宽教师培训学习途径，通过名校跟班学习和名师的引领，培养至少20%县级骨干教师和优秀班主任，5%的市级骨干教师。

2022—2023学年，打造一批高素质的教师队伍，培育数名市级骨干教师和优秀班主任，成立名师工作室，发挥"名教师""名班主任"的辐射引领作用，打造一支高素质的班主任队伍，培养出30%的县、市级骨干教师、优秀班主任。

（4）主要措施：制定教师三年发展规划和本学年度教师发展规划。积极搭建交流平台为教师外出学习和交流创造条件，达到博采众长、迅速提高专业素养的目的。坚持读书和写作，每月书写一篇教育教学随笔，每周固定一节教研组读书时间，每学年开展一次读书交流活动。开展教师基本功训练活动，搭建"教师讲坛""教师竞技"平台，为教师提供展示个人教育教学特色的机会。组织教师进行课题研究，鼓励教师积极参加省、市级课题立项评审。

2. 高效课堂建设——建成自学能力培养基地、课后辅导示范校建设

（1）责任部门：党支部、校长室、教务处、教研室

（2）管理目标：以学导和谐为模式，辅以当堂检测为手段的课堂改革，坚持系统的备课、上课、检测、评价的教学流程，制定各流程的评价细则。高效课堂构建了自学、质疑、引导、尝试

的课堂教学模式，课堂上从整体入手，先学后教。基于整体进行预设，为提高课堂教学质量奠定基础；基于问题进行研究，使课堂教学更加精彩。通过高效课堂的建设，促进教师更新教育理念，积淀学识素养，从关注学生，到"读懂学生"，进而满足学生的学习需求，让课堂成为师生共同学习、共同进步的地方，真正实现教学相长。

（3）年度目标：

2020—2021学年，出台"高效课堂"标准，落实以学生"学习效果"为评价教师课堂优劣的关键标准，通过"高效示范课"的课堂教学展示，着重培养青年教师对高效课堂文化的理解和认同。以"自学能力培养"为主线，深入思考高效课堂的精髓，构建多种风格并存的课堂文化形态。以课堂为基础开展"自学能力培养"小课题研究，通过科研活动使教师对高效课堂有质的提升，教育教学质量有显著提升。

2021—2022学年，深入推进高效课堂建设，积累各学科高效课堂有效实施的策略及课例示范。以"自学能力培养"为主题，深入思考高效课堂的精髓，构建多种风格并存的课堂文化形态，教育教学质量进入城区学校先进之列。

2022—2023学年，继续进行高效课堂建设，组织高效课堂成果研讨交流会，积累有效实施策略。以"自学能力培养"为主题，深入思考高效课堂的精髓，构建多种风格并存的课堂文化形态，建成自学能力培养基地、课后辅导示范校建设。

（4）主要措施：

通过青年教师的汇报课、展示课等多种途径，着重培养青年教师对自学能力培养的理解和认同。开展"作业建设"等相关课题研究，提升教师布置作业的质量，尝试布置"基本作业+弹性作业"。开展高效课堂大对话活动，以观摩课和教研组大讨论为主要形式，总结提升自学能力培养有效实施策略，并形成教研成果，申报省级课题，力争评比为一等奖，有指导示范意义。

组织高效课堂成果研讨交流会，提升有效策略。在高效课堂有效策略运用到日常教育教学的基础上，开展高效课堂精品课例展示活动。以"自学能力培养"为主题，深入思考高效课堂的精髓，构建多种风格并存的课堂文化形态，形成高效课堂建设经验成果。

3. "5.5+0.5+3"时效梯度精准育人模式尝试

（1）责任部门：党支部、校长室、教务处

（2）管理目标：我校是一所九年一贯制学校，在经历了多年的探索和实践后，我校集两种学制设置之长，取其平衡，形成了"5.5+0.5+3"学段重构课程改革的大胆构想。"5.5+0.5+3"学段重构课程改革，即在九年一贯制学校内实行小学5.5年，小学初中衔接0.5年，中学3年，同步将六年级、七年级课程进行深度融通，打破小学和初中原本"6+3"的学段界限，实现在九年一贯制的基础上设计学制。让九年一贯制真正体现在生源的对接上、课程的融通中和教师教学的大循环里，使教学质量再上台阶，争创省级示范性高中优质生源基地

（3）主要措施：

①设置直升班进行实验研究。在小学五年级升六年级时，通过学校与学生及家长进行双向选择，组建一个新的、实施校本学制课程教学改革实验的班级，进行前期的探索和实践。

②课程内容调整。"5.5+0.5+3"学段重构与课程改革是双向

互动、双重建构的。学段重构必然要求进行必要的课程改革，同时，课程改革反过来也支撑了学段重构。为此，我们将六、七年级课程进行重新调整。

③教学组织形式、教学方法、教学评价的改变。在全班集体学习基础上，尝试分组、分项学习、分项学习、直升班用一年时间进行小学和初中的衔接，在课程融通的基础上，我们着力于对学生学习习惯和学习兴趣的培养。

4. 德育育人建设

（1）责任部门：党支部、校长室、政教处、安稳办、大队部、团支部

（2）管理目标：坚持"德育为先，知行合一，全面育人"的原则，全面贯彻落实学校德育工作总目标，围绕我校办学理念，立足学校实际以情感教育为主线，以常规教育为抓手，以心理辅导员队伍建设为突破，以学生自主管理为目标，广泛开展心理健康教育，贯穿于德育教育，促进学生知与行的发展，提高德育实效性，培养学生成为有社会公德、有健全人格、有良好情绪、有高尚追求的红色少年。用三年的时间，积极创建学生养成教育之红色少年示范校。

（3）年度目标：

2020—2021学年，开发"红飘带"校本，做好学生从"自然人"向"社会人"过渡衔接教育，普及心理健康知识，了解心理调节方法，认识心理异常现象，掌握心理保健常识和技能，帮助孩子认识自我、学会学习、人际交往、情绪调适、升学择业以及生活和社会适应，提高学生的心理健康水平。进一步强化学生的养成教育进行日常行为教育，使之形成良好的行为习惯。

2021—2022学年，开展"红色少年"达标活动。发展学生自身的心理能力、健全人格及行为方式，向孩子传授社会规范、价值观念、知识与技能，提供更多的社会互动，激发学生的成就动机。重视班干部的培养、任用和监督，督促班干部认真、负责地开展工作，倡导学生自主管理。

2022—2023学年，开展"红色少年"示范引领活动。评选行为规范示范班及健康示范好少年，通过评选，树立榜样，学习先进，在郴州市成为学生养成教育示范校、自主管理示范校。

（4）主要措施：

①主题突出，德育特色

开展以"红色少年"为特色的德育特色学校创建工作，对学生进行"有社会公德、有良好情绪、有高尚追求的健康红色少年"教育，形成良好的行为习惯和道德品质。

开设校本德育课程"红色少年"；组织全校优秀班主任和"科研型教师"编写校本教材《红色少年》，印刷成读本，全校师生人手一册；制定德育工作方案，指导学校德育工作的开展。

②抓班级文化建设，创文明校风

从常规训练入手，使文明具体化。根据学生身心特点，结合各年级实际，有针对性地开展德育活动，使各年级德育内容专题化、规范化。全面落实《中小学生守则》《小学生日常行为规范》《宜章县湘南红军学校一日常规》，以"一日常规检查评比"为抓手，建立以学生监督岗检查和教师检查相结合的监督体制，进一步强化学生的养成教育。利用晨会课、少先队活动课和日常的课堂教学对队员的礼仪、生活、学习的日常行为进行教育，使之形成良好的行为习惯。多元评价，评选行为规范示范班及行为规范示范好少年，树榜样，学先进。

③创设校园德育文化

成立学校"校园之声广播站"，利用周四的中午课间时间，对全校学生进行德育宣传；对学校涌现的好人好事进行表扬；各班利用学校的"校园之声广播站"宣传本班的德育活动。

5. 平安校园建设

（1）责任部门：党支部、校长室、安稳办、政教处

（2）管理目标：通过大力开展创建"平安校园"活动，建立起比较完善的学校安全管理长效机制，进一步完善学校安全工作和社会治安综合治理工作机制。不断增强师生安全意识、法律意识，提升人防、物防、技防水平，实现无重大伤亡事故、无火灾事故、无食物中毒事故、无责任交通事故、无刑事案件的"五无"目标。为广大师生创造良好的工作和学习环境。

（3）年度目标：2021—2022年完成平安校园的创建。

（4）主要措施：

广泛宣传，增强师生安全意识。学校召开专门会议研究部署创建；加强教育，提高安全防范能力，重点是加强学校的思想政治教育、日常行为规范教育、师生的安全防护知识和卫生常识教育、法制教育和心理健康教育；完善制度，安全工作有章可循；排查隐患，安全工作防患于未然；协调关系，加强周边环境治理；开展活动，创建工作不拘形式，如观教育影片、征文竞赛、安全教育月等；强化责任，确保创建工作到位。

6. 传承红色校园文化建设

（1）责任部门：党支部、校长室、红色校园文化研究委员会

（2）管理目标：在学校文化建设过程中，湘南红军学校将把

得天独厚的红色文化资源优势转化为道德教育优势，在原有红色文化建设基础上继续以创建红色文化特色校园为抓手，以红色文化资源为依托，以传承革命传统为主线，以激发爱国情怀为核心，以激励进取精神为宗旨，充分利用校园周边地区的红色文化资源，广泛开展红色教育实践活动，让红色文化进校园，红色教育进课堂，红色思想进头脑，打造富有特色和魅力的校园文化，创全国示范性红军小学。

（3）主要措施：

在学校红色校园文化研究委员会的指引下，进一步建设红色阵地，让红色文化渗透到校园的每一个角落；想方设法丰富德育载体，营造红色内涵文化；依托校本课程，在原有的基础上更进一步，更深一层编写《湘南红军学校校本教材》系列课程，夯实红色教育基础，用高效课堂教学的方式直接对学生进行红色教育；依托课外活动，丰富红色教育舞台。如积极开展红色教育实践活动、红色歌曲传唱、看红色影片、听革命故事、读红色书籍、开展红色文化书画作品展、开展"诵读国学经典，传承红军精神"书香校园朗诵比赛活动、组建红色文化艺术团……

7. 特色学校建设

（1）责任部门：党支部、校长室、教务处、电教中心、综合组

（2）管理目标：以培养学生的创新思维，鼓励学生积极参加科技创新活动为突破口，争创"湖南省知识产权示范校"；以"校园足球"为突破口，全面打造体育艺术强校，初步办成省级特色学校。

（3）主要措施：

——建立湖南省知识产权示范校

①建立校领导负责制的知识产权教育工作体系，知识产权教育工作规范化和制度化，培养一支能熟练开展知识产权教育工作的专兼师资队伍，开展知识产权的课题研究。

②营造科教文化氛围。利用学校网络、宣传橱窗、墙报、校报等开展内容丰富多彩、师生喜闻乐见的知识产权宣传，营造良好的知识产权普及教育氛围，创建创客教室、院士墙等用更多途径与机会让学生接收更多的知识。

③注重知识产权教育。组织产权知识讲座、产权知识竞赛活动等，让学校产权知识教育常态化。制订较为明确、合理的课程计划，如学校汇编《知识产权教育教案》《诚信与知识产权教育读本》，在合适的年级定期进行知识产权教育。

④依托省、市、县"青少年科技创新大赛"，学校科技节，积极开展各类与知识产权教育相关的体验实践活动。

——打造体育艺术强校

①构建体、艺校本课程体系，建立九年一贯制特色培养方案。结合我校现有体育艺术特色，将体育、大课间相结合，构建课堂教学和课外活动相互配合、学校教育和社会教育相互融通的体育、艺术校本课程体系。

②选择体、艺活动项目。让每一个学生都参与活动项目，培养学生良好的体育锻炼习惯和健康的生活方式，加强学生体育、艺术素养修炼，培养学生审美意识，陶冶学生艺术、体育情操，促进学生个性发展。形成学校特色项目，继续传承校园足球特色，全校学生参与练习足球，在学校大课间进行整体推进、普及。

③建设优秀特色教师队伍。以学校体艺特色学校创建为契机,建设一支有创造性的,具备较高的科学文化素质和艺术修养的教师队伍。

④打造学校"体、艺教育"品牌。创建良好的育人环境,优化艺术教育与课堂教学、课外活动、校外活动的整合。以现有学校体育艺术优势,开展好体育艺术兴趣小组活动,培养体、艺特色学生,以兴趣小组带动其他学生进步,努力打造"体艺教育"品牌。

8. 智慧校园建设

(1) 责任部门:党支部、校长室、电教中心

(2) 管理目标:通过几年的跨越式建设与发展,建成高水平数字校园基础设施公共平台,实现高速、安全的校园网有线无线全面覆盖校园、信息化终端遍布校园,立足师生员工信息化应用的实际需求,以信息技术对学校的教学、科研、管理和服务等各项工作进行现代化改造,构建资源数字化、应用集成化、传播智能化的信息环境,建设可共享的优质校本资源库,实现教学教研、管理服务的高度数字化、智能化,全面提升师生的信息素养和应用水平,最终建成优质、安全、绿色、人本的信息化智慧校园。

(3) 主要措施:

①加快数字化教学资源建设,构建学科齐全、标准统一、种类丰富的校本资源库和共建共享交互的资源管理平台。

——建设校本资源库和资源库管理平台

——完善学校数字化图书室及数字化实验室建设

②实现校务管理的数字化、智能化,建设功能强大的公共信息和管理系统,提高学校教育管理的功能和效率。

——开发先进的管理信息综合系统(校务管理平台)

——完善校园一卡通工程

③实现教育教学的数字化、个性化,推动基础课程与信息技术的深度融合,满足学生自主、便捷、高效、个性化的学习需要。

——加快基础性课程与信息技术深度融合

——推进基于网络环境的教科研管理工作

第三章 实施保障系统

1. 组织保障。成立实施发展规划领导小组。

组长:李俊

执行组长:叶海波

成员:刘泽平 邓光辉 王淑华 王小庚 田红艳 何其昌 黄志海 黄敏 俞海梅 各处室主任

以规划目标和任务为导向,明确分工,落实到人。校长为实施规划第一责任人,侧重把握战略规划;副组长具体负责,组织相关部门对规划中诸如课程改革、教学质量提升、校本课程开发、骨干专长教师的培养等具体工作进行实施,形成管理与实施的组织网络。

2. 思想保障。通过广泛的学习宣传,深入的交流讨论,在全体教职工对学校三年规划充分认同的基础上,由部门制订出具体工作计划,由个人制订出自我职业发展规划,并认真落实规划,力争在最短的时间内统一思想,达成共识。

3. 环境保障。通过面向社会的广泛宣传,不断提升学校的社会声誉和办学特色的知名度,营造良好的社会环境,取得各界的支持及参与。

4. 物质保障。通过多方努力，力争得到上级财力的大力支持，不断地改善办学条件，增添设施设备，保证学校规划的顺利执行。

5. 安全保障。通过强化责任，制定突发事件处置预案，对影响安全和稳定的因素进行全面排查、防范控制、主动化解，确保万无一失。

参加学校校本教研综合科教研活动的感悟
体育教学在培养学生心理素质教育中的两个突出作用

昨天，学校开展校本教研活动，我听了一节体育课，并参加综合科的座谈会。我想就体育教育如何培养学生心理素质谈谈自己的感悟。

体育教学在应试教育时期被作为"副科教学"，在一些学校里若有若无，很难显示其作用如何。实施素质教育后，体育教学被广泛重视起来。随着素质教育的向前推进，体育教学的作用也愈显重要，尤其是体育教学的基础功能和培养学生创新能力方面，在素质教育中的重要作用更显突出。

一、体育教学的基础功能

首先是强身壮体。常言说："人以身体为本。"具有健康体质的人才能更好地发展。现在学校实施素质教育，重视并加强了学生的体育素质教育，经常正确地对学生进行体育锻炼，无论对小学生生理器官功能的健全，还是对中学生青春期生理器官功能成熟，都至关重要。

其次是心理作用。体育教学对学生的心理作用贯穿于学校体育教学的全过程。概括起来说,经常正确地对学生进行体育锻炼,可提高学生思维的敏捷性及准确的预测和判断能力,培养学生高度的注意力。清晰的肌肉运动感觉有助于培养学生精确的空间定向和时间判定能力,以及稳定的情绪状态。同时,在体育教学中要求学生具备勇敢、顽强、果断等意志品质,还可以促进学生心理承受能力、适应能力、竞争能力和组织能力的提高。

第三对思想品质影响。体育教学对思想品质的影响作用是具体的、生动形象的,这是由体育项目的特点和共同的竞技特征所决定的。例如,体操教学的"保护与帮助"深含互相关心、团结友爱的品德教育,集体主义精神和团结协作精神在球类集体项目中也能得到充分体现。

第四促进其他学科的学习。积极开展体育教学,学生的灵活、机智、果断、注意等心理素质会得到针对性的训练和提高,而学生的这些心理素质对其他学科的学习无疑具有促进作用。生理学研究表明:学生在运动中,大脑皮层的优势兴奋中心会有规律地向运动中枢转移,主管其他学科学习的中枢由兴奋转为抑制,这暂时的抑制可使疲劳的大脑获得积极性的休息,促进人脑清醒、思维敏捷。

二、培养学生的创新能力

学校实施素质教育的实质是培养学生的创新能力,而体育教学在这方面具有独特的优势。

1. 创新的动力——兴趣。绝大多数学生对体育有浓厚的兴趣,这不仅取决于体育教学的主要内容,还取决于体育教学的自身规律。体育教学的主要内容是体育活动,这正符合孩子们生来就有的好动天性。体育教学自身的规律是让学生在玩中学到有益的知识，让学生的学习在有趣的玩中进行，以至学生都大汗淋漓还乐此不疲。学生浓厚的体育兴趣，又激发学生对体育活动多思、深思，由会练、爱练到熟中生巧，从而表现出惊人的创新能力。

2. 体育创新的三要素——活动性、主动性、民主性。体育课堂教学没有也不可能有"满堂灌"的现象，而是明显确立了学生的主体地位，留有充分的时间让学生进行活动。在学生活动的过程中，有教师的亲身示范和亲手指导，有学生自身的体验和领会动作要领的自由，也有学生想象与创新的更大机会，每一位学生的自尊与权力得到了应有的尊重。师生间建立起的是民主、和谐、融洽的关系，在具有活动性、主体性、民主性的体育教学课堂里，学生的能力得到充分的发挥，创新精神能得到充分的展现。

3. 创新核心——竞争。竞争性是体育教学的最大特点，从学习角度来说："没有竞争就没有创新。"因此，体育教学的竞争性特点是培养学生创新能力最有利的条件。从小学体育教学开始，教师在每堂体育课里对学生的能力要求、学生间技能表现差别的刺激，无不使每位学生的心理产生竞争的意识，闪现着创新思想，并且随着年级的升高，这种意识和思想会越来越强烈，越来越突显，越来越扩展到更多的学科上去。

总之，体育教学全面的基础功能和培养学生创新能力的优越条件，成为培养学生心理素质教育的基石和窗口，在素质教育中起着突出的重要作用。

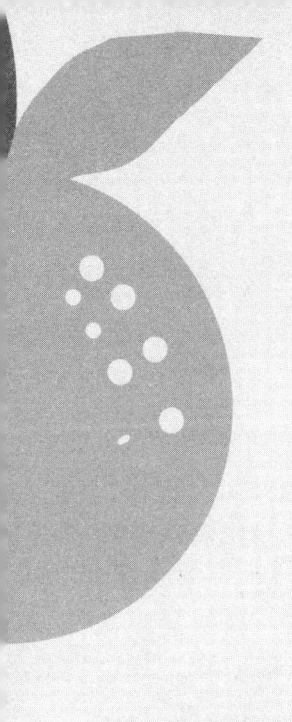

品读名师篇

少先队员的"范"

——记湘南红军学校袁远琼

有事没事,我总喜欢进大队辅导室逛逛,都能看到小袁忙碌的身影。名师辅导室好像总有忙不完的事务。的确,愿做事、能做事、会做事、善做事的人,黑夜接白天,前头总有事等着你。"和孩子们在一起,童心不老。"说这话的时候,她笑得好灿烂,我点点头,表示认可。

一、多年任职,经验丰富,情系少先队

袁远琼是2000年毕业于湖南省长沙师范学校的,是一名颇有潜质的音乐教师。天真、烂漫,举止雅致,颇受孩子们青睐。正因为那样,校长一眼就相中了她——她就这样走马上任了。活动一个接一个,常做常新,一届届的孩子都黏她,辅导事务做得风生水起,周边学校的辅导员隔三岔五找上门来,到袁姐这里"掏勺油"。她哩,来者不拒,倾囊相授,渐渐地,名师工作室便名副其实了。弹指一挥间,掐指一算,她深耕少先队工作10年有余,完全可以说,她将自己生命中最美好、最有创造力的青春年华献给了少先队的事业。她不止一回说"连做梦都在构建少先队工作平台",她用心之深可见一斑。把少先队辅导作为事业来做的,举目四望，可以说少之又少。她属例外，另类中的另类。她订了好多少先队辅导方面的图书，一头扎进字里行间。

小袁是孩子们的铁哥们铁姐们，都愿意和她说心里话悄悄话，甚至连不能对外散播的家事，也咬她的耳朵。每每，她这般那般出主意之后，都会反复叮嘱孩子"到此为止，不得再和不相关的人说"，息了好多家庭纠纷。小袁是一位有心人，她常年揣一个小本本，处事的点点滴滴都记在本本里，一有空就回头翻翻，反思自己，是不是有欠妥当的地方。经的事多了，日渐老练起来，也锻炼出她的做事风格。大家都晓得，小袁不是那种爱计较的人，上一点，下一点，吃点小亏，她也不当回事，这样的事例太多了，评优的时候，她居然一件事都没有放进去，我不相信她不明白典型素材的重要性、必要性，我宁愿相信那是她有意而为之。

二、对党忠诚，信念坚定，敬畏红领巾

少先队是光辉的事业，也是未来的事业，是为党培养建设者和接班人的事业。作为少先队辅导员，她首先必须是一名忠诚的共产主义战士。工作中、生活中，她慎言慎行，该宣传的，扯个大喇叭，见人就宣讲，也不管你乐不乐意听。她相信，讲多了，即便是不张耳的人，宣传也会灌进去星星点点，不当说的，她连理都不理，严守保密纪律，始终与党和国家保持一致。用台面上的话说，那就是牢固树立"四个意识"，坚定"四个自信"，做到"两个维护"，用自己的言谈举止影响着学生们。她比谁都明白"正人先正己"的道理；她比谁都晓得榜样的力量，她的每一个脚印都在向孩子们昭示正确的价值观和行为取向。我们的红军学校，每年清明节都会去中夏公园，开展"缅怀革命先烈，弘扬民族精神"为主题的祭扫活动，她总是站在队伍的最前列，引导学生传承红色基因、缅怀革命英烈、铭记历史、懂得珍惜。她怎会忘记，2019年3月，学校践行社会主义核心价值观，1403班被评为首个"雷锋班"，她带领"雷锋班"以及大队委干部参观了湘南起义暴动纪念馆，对学生进行爱党、爱国教育，孩子们深受教育，倍受感染；她怎会忘记，2019年10月为庆祝中华人民共和国成立70周年，在那举国同庆的日子里，学校隆重举行纪念中国少年先锋队建队70周年暨少先队名师工作室授牌活动，她带领全校孩子亲身体验庄重的仪式，切实感受到党的英明伟大，国家的繁荣富强，同时，她也享受了那份特殊的荣誉。

三、师德为先，为人师表，当好引路人

"师者，传道授业解惑也。"教师的职责不仅是教书，更重要的是育人，教会学生怎样做人，如何做人，少先队辅导员更应该如此。教师自己要为人正直，作风正派，具有良好的品德修养，因此，她很注意提高自身修养，处处以身作则，做学生的榜样，要求学生做到的，自己先做到。她要求学生不乱丢垃圾，她启动了"弯弯腰"活动，她只要看见有果皮纸屑就随手捡起来，还带领文明礼仪监督岗的同学做好值日，值日生每日一换，孩子们见老师都能弯下腰捡拾垃圾，潜移默化中也影响着这群可爱的孩子们。她因爱孩子才爱红领巾事业，爱红领巾，才更爱孩子。作为大队辅导员，她对自己的学生倾注了无限的热情和关爱，尊重他们并以诚相待。深入了解学生，关心关爱孩子的思想和心理变化，处处为学生着想，把学生当成自己的孩子，时间一长，自然成了孩子们的知心朋友。那是三年级的一堂音乐课，有个小女孩总是偷偷地掉眼泪，她问孩子怎么了，孩子只是一个劲地哭泣不说话，下课以后，她把孩子抱在怀里，抚摸着孩子的脸蛋温柔地说："媛媛,你怎么了,你有什么心事可以告诉袁老师吗?"孩子一边抽泣一边抹泪眼地说:"袁老师,我想妈妈了,妈妈在郴州干活赚钱,不能每天陪伴我。"她紧紧地搂着孩子,赶紧拨通了孩子妈妈的电话,孩子一会儿就不哭了。第二天,她又买了一些零食给孩子,从此,这个孩子一直当她是"知心阿姨"。正是因为爱孩子,她才不再孤独、恐惧;正是因为爱孩子,她才能滋润留守儿童稚嫩的心灵。

走"心"的教育之师

——记湘南红军学校吕秀军

"吕老师,您到哪里教书,我就把孩子送到哪里去,交给您,我才能看到孩子升学的希望。"这是吕秀军老师老家一位家长亲口对他说的话,好多年过去了,这句话仍然时时刻刻敲响他的耳鼓,鞭策他,激励他做更好的老师,不辜负家长的期待和信任。

2020年秋季,我与这位吕老师结缘在同一个校园。作为同事,作为校长,我经常走进他的课堂,常态推门听课里,渐渐地对这位全县最年轻的高级教师有了更深层次的了解。他对教育的走"心"我不单单跟定,一抓住机会,我就向同事向家长向媒体推介他,让大家熟悉他,学习他。

他一走进校园,就爱心满满,爱意绵绵。

那位家长跟他说过这么一句话:"你到哪里教书,我就把孩子送到哪里去",还记得吗?他微微地笑了,"那要看哪一年,哪个地方的家长了,说过类似话的家长不止一个,不过,都记得!如果说是你老家一带的,应该是李国良的父亲吧。"他记得一点儿没错,那位家长就是李国良的父亲,不仅是这么说的,也是这么做的。"那时我大学刚毕业,在栗源明星学校当个实习生,四年级的李国良学习成绩很不理想,爸爸很重视孩子的学习,把他送到城里去学过,在家也请老师补习过,成绩总是四五十分。我一个同事是他们村的,是他把李国良介绍到我班上来的。我刚做老师,谈不上有什么经验,只不过对孩子多留了个心。因为住校,小孩儿不习惯,总是偷偷地哭泣,还喜欢到我的寝室来串门,但总不出声,我猜,孩子可能很想家,想仍旧拥有那份爱的温馨,于是,每次孩子过来了,我都会把我有的零食分他一点儿,课外,我会带上他,和小朋友们一起疯一起癫,小游戏是他们的最爱,丢手绢啦,老鹰叼小鸡啦……我成了孩子们地地道道的大哥哥。课上课下,我都会特意为他设计一两个很简单的数学题,答对了,我会竖起大拇哥,送给他一箩筐赞许。慢慢地,在课堂上,他能抢着举手答题了,课后,还神气地跟我要题做,'老师,再给我搞两个题试试!'这是李国良留给我最熟悉最美好最深刻的印象了。兴趣是最好的老师哩,李国良的兴趣像钱塘潮,一浪高过一浪,学习成绩也噌噌往上长,从不及格一路飚升到九十分。他也不再哭泣,在学校里活跃得像个猴子。"吕老师说那个故事的时候,一脸的兴奋,一脸的得意,是那样志得意满。

一年后,吕老师参加了教育局的选聘招考,成了一名正式的公办教师,要被安排到其他公办学校任教,李国良的父亲这才找到他,说了要吕老师把李国良一起带走的话。显然,那是不现实的,吕老师未答应,可是,李国良好像黏上了吕老师,每隔一段时间就会给吕老师打电话汇报他的学习、他的生活、他的进步,一而再、再而三地重申,生怕吕老师把他忘了。吕老师笑着说:"等你获奖了,一定告诉我,我就来看你。"寒假,李国良突然打来了电话,责怪吕老师不讲信用。原来,期末考试,李国良获奖了！对孩子说的话，必须兑现！挂完电话吕老师便骑着摩托车去兑现自己的承诺。

这样的故事，在吕老师那里，三火车也拉不完。每一个故事，准保让你听得津津有味，如醉如痴，每一个故事都能触动你的心弦。他也时常把那些经历放进班会，让那些鲜活的故事走进学生的心坎里。难怪他班上的学生一聊到班主任的话题，就像"打了鸡血"似的，激情四射地捧出一个又一个鲜为人知的温馨的"过去完成时"，学生们那腔酷爱，一瞅就令人眼馋。"当一个孩子喜欢他的老师时，孩子的这门课自然就能学好了"，真是一语中的。孩子们喜欢听老师的声音，那成绩就像长势极好的庄稼，一个劲往上疯长。这便是吕老师的教育心得。

吕老师走进大山深处，撒播无疆的大爱。

那年社会招聘考试，吕老师考了第二名的好成绩，选岗时，他却选择了大山深处——关溪乡，在一个偏僻的大山窝里。脱贫前的关溪，是县里四个贫困乡之中的一个。那地方山路弯弯，地广人稀。晴天满头尘埃，雨天浑身泥浆。而吕老师，在那里一待就是十二年。

我问他："选择关溪，你后悔过吗？"他微微一笑，风趣地说："我不入地狱谁入地狱？关溪确实是偏僻了点儿，我算是头一批进入那里的年轻教师，也是待得最久的年轻人了。每年新招聘到这儿的老师，一满服务期就进城走了，有的还没满服务期就托关系调走了，还有的老师，来校报道的第一天，甚至连行李都还没下车就放弃岗位走人了。说真的，我从来没有后悔过，这里更需要我啊！"在大山深处，生活的不方便，没到过这里的人没法想象：如果不是自己耕耘菜洼，一个星期里，嚼得最多的大概是放黄了的蔬菜菜叶子；学生呢，百分之八十的孩子是留守儿童，缺少家教，没有养成好习惯。由于贫穷，这里的单亲孩子特别多。

"我曾教过那么一位女孩儿，才读三年级，别看她沉默寡言，胆量忒大。有一天上晚课，放学后我就找不到她人了。全校师生把学校翻了个底朝天，也没捞回她的影子。原来，她独自一人回家了。"你无法想象，一个不足十岁的女孩儿，要翻山越岭走七八里路，事情发生后，吕老师虽然恼，虽然恨，但也尽量克制自己，没有批评孩子半句，只是讲了一个故事，让学生明白，老师心里装着每一位学生。末了，他跟学生商量："要是想回家了，跟老师说一声，老师送你跟弟弟一起回。"家访后他才明白其中的原因，原来孩子的爸爸是十里八乡闻名的酒鬼，喝完就发酒疯，弄得鸡飞狗跳，家不像个家；妈妈为了四个孩子能读书，总是玩命地干活，还晕倒过几次，时常会在孩子面前忍不住哭泣。

"我不想读书了，成绩越好，我就会离妈妈越远。"这是孩子在他面前诉说的心里话。你千万别笑孩子幼稚，孩子那是心疼自己的母亲，可年幼的她哪里知晓，只有读书，读好书，才能真正改变命运。开学没钱交费，为了让孩子静心学习，吕老师主动提出来为两个孩子担保，为他们争取资助。他引导孩子的母亲，在孩子面前要做表率，要传递正能量。从此，孩子的母亲，给孩子们展示的都是坚韧、顽强的一面。受老师和母亲的影响，孩子的情绪发生了根本的变化。吕老师每周都送孩子回家，一路上，两个孩子特阳光，宛如两只黄鹂，叽叽喳喳地说个没完没了。吕老师因势利导，引导孩子向上向善，要有信心诚心爱心，要学会如何减轻妈妈负担、如何改变家里的命运，如何把学习搞好。一个学期后，她不再逃学回家了，成绩也一跃为班级前茅。

学校进行的每一次困难资助，吕老师都认真对待，不浪费一个指标，也不想错过一个孩子，面对家长没钱交费上学的情况时，他总是敢于担保，甚至为孩子垫交或资助伙食费。

是的，不仅同事公认，家长们也公认，吕老师多留在山里一年，也许就能多改变一批孩子的命运。

在他的课堂上，学生们学会了读书，学会了处世，更学会了喝彩。

"我是一名英语教师，读书时最怕函数了，听了节吕老师的二次函数，我有种恍然大悟的感觉，函数原来如此有趣。吕老师上课行云流水般，环环相扣、轻松易懂，孩子们回答问题争先恐后的。"那是教研室谭主任在一堂推门听课后对吕老师的高度评价。

"平常，你面对老师突然过来听课会紧张吗？"课后，谭主任兴趣浓厚地问。

吕老师微笑着回答："作为教师，我最不害怕的就是上课了，突然的听课我也已经习惯。我在乡中学担任副校长主管教学工作，每次安排教研活动上公开课时教师们都害怕自己是第一个，为了推进工作我总是把第一留给自己。我曾经带过一位新来的年轻教师，几乎我每上一节课她都坐在后面听课，成长她的同时也成长了我自己。"是的，吕老师是一位有思想、有智慧、有高度、有个性的数学老师，已然形成了自己独特的教学风格。他诚恳地袒露自己的想法："其实，我并不喜欢所谓的'赛课'，尤其是把承接语像串词一般背下的课。我更喜欢原生态的课堂，经过反复打磨的观摩课，往往展示的是老师具有很好的表演力，在日常的教学中将原生课堂上出味来，才能真显教师的内功。课堂教学因矛盾而精彩，学生的主体性因而得以彰显。"这是他的大实话！有思路的老师不是太多了,而是太少了,吕老师就是为数不多的有大思路大智慧的学者型老师,他的内功来自他的努力。他告诉年轻老师,备课是件有趣的事,很多时候,常常忘了时间,常常忘了曾经承诺过家人什么。从教十来年,他的忘我,几乎把他诱进子夜,一撇一捺写出一堂堂精彩,道出一章章刻骨铭心的喝彩……

不忘来时路，回首总关情

——记湘南红军学校陈丹华

"作文就这么简单，可以把它分成五个空，开头50—100字，结尾50—100字，开篇点题，短小精悍；收束有力，呼应开头，令人回味无穷；中间写三事，一详两略，或两详一略……"陈丹华老师的作文创新课进入高潮，掌声不断，笑声不断，尖叫声不断。她的课总是激情四溢、生动活泼，难怪听过陈老师示范课的老师都连连点赞。陈老师的教学之路可以用三个字来概括："真""勤""实"。这"三大法宝"，是她飞向梦想的翅膀，是她人生登顶的助推剂，正因为她为人真诚，勤修品德，勤学本领，勤钻教学，勤抓管理，她才得以成为湘南红军学校一块响当当的金字招牌。

一、不忘初心，真诚奉献

"我要当一个魏书生一样的好老师！"已过去近三十年，陈老师依旧记得那句豪言壮语。那年，她刚系上红领巾，听了一场她似懂非懂的报告会，便有了这掷地有声的誓言。恰巧陈老师出生于教育世家，家族里出了好几位老师，她从小便埋下了当老师的种子，她要用行动践行"春蚕到死丝方尽，蜡炬成灰泪始干"，她要成为太阳底下最光辉的职业中的一员。后来，她真的走上了三尺讲台，圆梦初心。

温和可亲的丹华老师给人的第一印象是真。说话真，做事真，教书育人真，一举手，一投足，无不昭示她的品德纯真、真诚待人、真诚处世。子曰：君子不可以不修身，"学高为师，德高为范"便成了陈老师的立身准则。她是一位真诚修德的老师，在她看来，当今社会，一定是道德为先，要有高尚的社会公德、为人师表的师德。在学生眼里，陈老师浑身上下透着"真"的精气神。"我是怀着一颗赤子之心走上讲台的"，她不止一回这样说道。为了提升个人涵养，四大名著、名人散文、习近平专著等，都令她流连忘返，每一个脚窝都浸润着她的道德修养，坚定着她做更好的人民教师的信念。在教育这块沃土里，她春撒一粒籽，秋收万颗金。日浇夜灌，这颗种子终于生根了，终于发芽了，终于浓泼出绚丽的图画。她常常告诉学生，"德才兼备"的人才是世界第一等人，因而，她的学生总是焕发着懂礼守信的青春气息。

丹心热血、敬业奉献是她的又一大美德。教育旅途中，她一心扑在课业上，钻进字里行间，连双休日都守着孤灯工作。曾有一位校长评价，说陈丹华老师是自己见过的思想最纯正、最无杂念的老师，她干一行，爱一行，扎根于一行，"化作春泥也护花"是她工作的真实写照，而她无愧于这样的评价。她是一个闲不下来的人，每天早早到校，陪伴着她的学生，及时发现学生的思想动态并进行励志疏导，督促他们尽快进入最佳学习状态。朝六晚九的日子，居然被她经营得有声有色。

真诚善良、乐于助人、仁劳仁怨是丹华老师的本能。同事遇到困难了，她总能伸出援助之手。2022年下学期，得知学校九年级的李老师的丈夫得了癌症，丹华老师主动捐款并积极宣传，给这个陷入阴霾的家庭带去了希望。她善于把爱的种子播撒在学校的每一个角落。在学校开学典礼上，她曾作为优秀教师代表作了题为《我们的愿望》的典型发言，受到师生的普遍赞誉。2022年，在学校创建"全省扫黄打非示范点"之际，她主动参与，作出了一定的贡献，她所在的学校不出所料地获此殊荣。在学校九年级中考誓师大会上，她也一马当先，撰写稿件、写作美篇，积极扩大学校的影响力。

二、以爱之名，润物无声

"我的孩子，我的班！"她总让这句话挂在嘴上。从教14年，班主任做了11年，她仍在这苦乐相伴的岗位上发光发热，用"勤"践行着"爱的教育"。陈老师不单眼勤，脚也勤，只要逮住机会，就向老班主任"舀油"，点亮自己的心灯；只要有空，她就促膝品读陶行知、魏书生的箴言，聆听他们的教诲。就这样，她在一点一点的进步中逐渐成长起来了。她一直坚持"爱的教育"，不断播撒正能量，她大胆地从心理素质方面探索德育教育的触发点，关心、爱护学生，做学生工作，她能发扬勤恳细致的精神，真正深入人心。每天她第一个来学校，最后一个走，瞅学生的思想动态和情绪变化，与学生交心。对个别心理不够成熟、自律性较差、有孤僻自卑或狂妄自大等缺点的学生，她总是把他们当成自己家的孩子，陪他们学习和玩耍，成为孩子的良师益友。

来看看陈老师的发光时刻吧。她有个学生叫林娜娜，这是一位活泼好动的学生，聪明但是好玩儿，初一、初二时她的成绩一直不拔尖，在初三的关键时刻，陈老师及时对她进行励志疏导，让她又有了前进的动力。后来她如愿以偿考上了重点高中，现在正在四川大学攻读博士学位；自然也忘不了黄镇同学，初二时，他母亲身患重病，半身瘫痪，受家庭影响，他一蹶不振。陈老师心急如焚，心疼得流泪，一回又一回，组织学生献爱心，那个星期天，她提着文具、水果到黄镇家中慰问，只要有爱心资助，她尽力为该生争取……在她的关爱下，该生的学习成绩稳步上升。是的，对学生的点滴关爱就如同天空降下的细雨，化作甘露，滋润着每个学生的心田。

天道酬勤，苦心不负。经过努力，她所带的班级多次被评为校级"流动红旗"班级，学生考入重点高中的人数上百人。她还积极将自己的管理理念分享给其他班主任，在班主任经验交流会上她曾作《关于班级卫生管理的几点浅见》的典型发言，获得了与会老师的阵阵掌声，她还多次被评为"优秀班主任"。

三、勤耕沃土，异彩纷呈

勤耕沃土，只待来日花开；踔厉奋发，于更高之处领略风景。无论身在何处，处于何岗位，陈老师的表现都得到领导的认可。十余载时光，她始终把"教书育人、为人师表"作为己任，她说教育是神圣的，容不得一点儿懈怠，她是这样说的，也是这样做的，她用"实"践行着这一切，用"实"收获着累累的硕果。

又来到了陈老师的语文课堂，教室里弥漫着生动的分子。与学生的交谈让我对陈老师又有了更多的了解。学生都说她是实力派，为人实在，任劳任怨，能力突出。在教学中，她一马当先，主动承担教学任务，不怕吃苦，敢为先锋。她对自己要求严格，不断增强业务素质，深入钻研教材，认真进行教学研究，坚持系统性、启发性、研究性的教学方法。《初中语文新课程标准》她反复研读了很多遍，空余时间，她会去研读有关教学专著。她品读《叶圣陶语文教育论集》《中学语文》等书后丰富着自己的知识，开阔了视野，明确了教学方法，提高了教学能力。善于"偷师"是她的独门绝技。她喜欢在网上学习他人的先进理念，比如语文特级教师余映潮、王崧舟教授都是她特别喜欢的老师，她会深入分析他们的网络课堂学习独特的教学方式，也能积极与同学科的老师研讨，力求自己的教学推陈出新。教学中，她坚持贯彻因材施教的原则，始终把学生的"学"放在教学的核心位置上。在教学方法的设计上，她注重突出学生的主体意识，激发学生的求知欲望。对于教学，她有一个原则：课不备好，绝不拿上讲台。她认为没有上好课，那是最对不起学生的事，那样她也会伤心难过，浑身不自在。

要说她的教学成绩，那也是有目共睹的。说说她念念不忘的一个学生的故事吧。2017届毕业生黄方清是一位体育特长生，天生好动，他体育成绩显著，但对学习的兴趣并不高，文化成绩差，尤其是语文科，拖了他的"大后腿"。为了培养这个好苗子，她找该生谈心，给他讲高中以后的求学历程的美好，告诉他"欲为人上人，须吃苦中苦"的道理，传授他一些有效的学习方法。她让黄同学认真做了两点，一是练字，二是每天进行相应的专项训练。果然积土成山，汇流成海，发愤图强的他如愿以偿地考上了县一中，语文考了113.5分。

陈老师是学校语文教学的能手，也是教研教改的先锋。她教学热情浓厚，积极参加教学比武课和经验交流课，主动承担公开课、示范课等，不断给自己充电。2018年9月，她担任宜章县湘南红军学校初中部语文教研组组长一职，注重加强组内的常规管理，为教育教学助力，是我校优秀的教研组长。她专注于课题研究，近年来，参与市级课题研究3个，县级课题研究3个。她是一个尽善尽美的人，为了课题研究的事，可以在电脑前安坐一个下午，她的眼中散发的是智慧的火花，大大小小的文字在她头脑中就好像一个个跃动的小精灵，主动排演出一个个有序的画面。工作繁忙，似乎把一掰成二都不够用的时光里，她也能增添一些别样的色彩，写论文啦，拿捏美篇啦，指尖的简讯啦，在她那儿都是信手拈来。被同事们常之称为"才女"，她却一笑置之。

"这个教学设计的逻辑性还不够强……""这个课件的活动设计太呆板了点儿……""在讲课时，可以调动更多的元素，让课堂活色生香……"这是陈老师在指导青年教师上课了，她总是像一位大姐姐，关心着她的组员，关注他们的成长。努力是会发光的，每一份汗水浇灌出来的花朵都是最鲜艳的。在她的助力下，肖新燕、曹润玲、黄莹莹、王洁、刘慧、彭阳辉等老师都脱颖而出。目前田丹丹老师已是县骨干教师，谷亚兰、谭巧婷、李剑飞、黄珍成为省网络名师工作室青年教师。作为县培训师团队成员和县初中语文工作室主持人，陈老师也能积极传授经验，做好示范引领，发挥辐射作用。她分享的《在细节中进步，在实践中成长》的发言，不就让很多老师念念不忘吗？

在教育教学这块热土上耕耘的14年，她脚踏实地，久久为功。于是乎，我们的陈老师就有了下列荣誉：近五年来，在年度考核中，她两次被评为优秀并获得县政府嘉奖；2022年被聘为湖南省谭战兰初中语文网络名师工作室核心成员；2020年9月被聘为宜章县培训师团队成员；2020年9月在教师节评比表彰中被评为县"优秀教师"；2021年2月被评为县中小学教科研工作"先进个人"；2021年11月被评为宜章县初中语文骨干教师；2021年7月被聘为县初中语文工作室成员，2022年9月被任命为该工作室主持人；2022年6月被聘为宜章县"党史讲解员"；2022年7月被评为县"优秀共产党员"；多次被评为指导青年教师、指导学生的市、县"优秀指导老师"；是校级师德师风工作"先进个人"，多次被评为校级"优秀教研组长"、教学常规"先进个人"。

真诚勤勉映日月，丹心热血沃新花。相信陈老师定会在今后的岁月里，继续做教育麦田的守望者、引领者，让"真""勤""实"之花处处绽放。

教研的旗手

——记湘南红军学校谭子东

我与谭子东老师是老相识了,她在县教研室,我在县中。记忆里,她听过我好几堂课,有几次面对面的交流,给了我许多帮助,准确地说,是指导。因为在教研这个板块,于宜章,她真正称得上是专家。及至我到湘南红军学校当书记、校长后与她成为同事,我对谭子东老师有了更多更深的了解。她是有思想、有智慧、有高度、有个性的"教研大咖",从这个意义上说来,称其为"教研的旗手",的的确确是名副其实的。

一

新学年刚开学,初中部新进了十几位年轻老师,有特岗的,有临聘的,有实习的,在谭老师眼里,他们刚踏进学校的门槛,于教育教学尚未起步,得扶上马,送一程。听到这个消息,我悄悄做了回旁听生。

"我们学校的老师,首先要做大'两个案'的文章,其一是学案,其二是教案。"她用眼睛的余光留意了一下在场的老师,见大家面面相觑，一脸疑惑，立即明白了，老师们心里，还只有教案，对于学案，或许知之甚少，有的连这个名词恐怕都还是第一回听说，她便简单作了解释。

稍停，谭子东话锋一转，因势利导，告诉年轻老师"要注重'三备'，备教材，备学生，备自己"，并作了详细阐述。对于前两个"备"，已经是老生常谈了，"备自己"，当属首倡，我也觉得新鲜。"那就是选择适合自己的教育教学方式方法"——原来如此！

谭老师告诉他们，要以细读课文为基础，和学生们一道做大学习方法的文章。她发现我也在场，便以语文为例，似乎想把我圈进来。

"读书是非常幸福，非常快乐，非常简单的事。在座的至少读了十年书了，对其中的幸福和快乐都有至深的体验，我就不再重复了。当老师的，务必要告诉学生们，你是怎么读这篇课文的，千万不要把简单的读书复杂化了——十多年来，你们的老师，教你们读课文，不外乎是写什么，怎么写，为什么这么写。要明明白白教会学生这三板斧，让学生体验情感，产生共鸣，收获感悟……"我非常喜欢她这种聊教的方式，像在课堂上与学生互动一样，身心都透着愉悦。

二

子东老师喜欢听课，听不打招呼的课，用我们的行话就是推门听课。

听课的过程我就不多说了，反正我也在场。子东老师是一位善于找优点的人，她将"一、二、三、四、五"——罗列出来，论得头头是道。我有些不解，提醒她总要说点儿不足吧。"数了优点，剩下的就是不足，老师们都懂的。"她笑了，笑得意味深长。

子东老师评课，别开生面。陈老师这节《济南的冬天》，按常规，又没有常规，再一次佐证了教无定法。陈老师不急于引导学生读课文，他让学生读目录，做如下布置：假如让你写《玉溪镇的冬天》，你会怎么写，写什么，为什么这么写？子东抓住这个环节点评，告诉随堂听课的老师："陈老师用的是比较法切入，让学生两相对比中，比出优劣。事实上，学生的构想，不可能超越原作者，因为他是作家，阅历丰富，文字功夫深，而学生自己……"经过这一轮货比货，学生便站在了巨人的肩上，看得更远了，这开阔的视野，为孩子们以后创作文章起到了抛砖引玉的作用。

无独有偶，也许我也是语文老师的缘故，青睐的，往往是语文老师的示范课。

比如姚老师就很另类，其课型最大的特点是聊。许多老师都有这习惯，老起教于第一自然段，结束于最后一个自然段，他呢？随心所欲，毫无章法。教《走一步，再走一步》时，他从课文中的父亲引导儿子一步一步走出困境切入，用蒙太奇的慢镜头引领学生身临其境，感受当时的"绝望"场景，揪学生悬着的心，激发学生的阅读兴趣。中间开花哩！继而拓展：这种困境是怎么造成的？结果怎样？首尾悉数收入囊中。

这是一堂令谭子东老师兴奋了小半个月的课，在以后的教研活动中，她多次引用那个案例，发表自己的见地——"我打个比方，语文老师可以把自己当成裁缝师傅，与时俱进。我们的课文，正像一匹布，怎么剪裁，做什么样的服装，完全凭自己的创意，长袍马褂也行，中山装、西装也可，牛仔裤连衣裙也棒，全依自己的爱好。缝,每个老师都会,剪出个性,引领潮流,全看老师的创意,全看老师的刀下功夫了。"这样的推论我很喜欢,有语文知识生活化,生活知识语文化的大学科理念渗透其中。

三

教学大比武热闹了一个星期,我与谭子东老师都是评委,私下里,有过许多交流。

"孩子们都在做什么?一节课下来,只看到老师的嘴在不停地动。"我也有同感。

比武总在年轻教师中博弈。他们的教案做得非常到位,这功劳,有他们的指导老师的一半。一上讲台,有的老师似乎忘记了指导老师的叮嘱,又似乎忘记了先前自己是怎么长大的。

这就像孩子的成长有一个过程一样,刚出生那会儿,抱着走,背着走;会爬了,能站立了,牵着孩子,引诱孩子开步走,绝不心疼他们的跟跟跄跄,不心疼他们的鼻青脸肿。一听完思品课,子东老师就发表自己的见解,认为务必让孩子做到:自己的事情自己做,自己的路自己走。到初中了,有的妈妈仍旧这也不放心,那也不放心,本该放手让孩子自己做的事情,生怕他们做砸,于是乎,依然抱着、背着孩子,放在老师身上——这就是不合适的了。

也有老师不服气,你不讲深讲透,学生怎么弄得清?就是要让学生清清楚楚明明白白嘛。子东老师讲了一个她摘桃子的故事。那时她八九岁光景,外婆家屋后有棵桃树,挂满了粉嘟嘟的桃果。表哥和她一般大,猴子般机灵,猫上树般坐在枝丫上吃,逗她,给她一个咬了一口的。她死活不要。她跳了三五回，差一点儿就够着了。外婆见状，屁颠儿屁颠儿地跑过来，选了几个又大又红的给她。她接过，放在地上，不吃，转身回了屋，搬一张小板凳，爬上去，站直，跳，总算摘下一个，虽然不怎么大，不怎么红，却吃得津津有味。她那是偏爱跳着摘的味道——这些话，让人哭笑不得，却又百嚼不厌，韵味深长。

四

真的是不巧不成书，每一次都让我碰了个正着。

"为什么她的论文获一等奖，我来了个名落孙山？"李老师捧着他的论文找上门来。

我扫了扫那篇论文，标题是《浅谈数学课堂教学》。

李老师是我的学生，为人憨厚，有些死心眼。他的课，我每个学期都听，意见交换了一回又一回，但总是老样子：练习铺天盖地，从黑板上到作业本上，到教辅书上，快把学生训练成作业机器了——在他心里，似乎做得多便收得多。

"和你上课一样，一条路走到黑——事例堆了不少，像开中药铺，甲乙丙丁……就是没有推论。"子东老师从不嫌麻烦，翻箱倒柜，找到获一等奖老师的原创论文，与之一一进行比对。李老师似乎不很开化，似懂非懂，走的时候，仍旧一肚子不满。

记得谭子东老师每年都要上论文写作辅导课。有的老师图轻松，偷懒，用电脑东抄一段西摘一段合成论文，不付出血汗就想不劳而获。每次论文评比都强调，不准抄袭，就是有个别人心存侥幸，想蒙混获益。

智慧铸师魂

　　智能化的查重，也时常有漏网之鱼，可谭子东老师比智能设置还要智能。老师们开玩笑，说她的眼睛特"毒"，一瞄就识别出来了。谭老师笑着说，不是她特别厉害，是她特认真，一个字都不放过。每个人都有自己的思维方式，都有自己的语言习惯，要不然，怎么有"文如其人"的说法。正因为如人，她才能够在典型环境中的典型人物的典型形象、典型语言、典型动作、典型心理活动等诸如此类的差异中找出细微区别，足见她用心之专。

　　谭子东老师是教研的旗手，我欣赏她的正是用心之专、用意之深、用力之恒，而不是她个人收获了多少成果，获得了多少荣誉。作为学校教研板块的旗手，其作用正如领头羊，带领群羊找到最适合它们生存的地方，让羊们都有自己嗜好的美食，都能膘肥体壮，从而形成强壮的团队。从这个意义上来说，专注于教研的谭子东当之无愧是学校教育教学的灵魂。

"静姐"的三教

——记湘南红军学校刘静

周五下午最后一节课下课铃响起,一周忙碌的学习生活结束了。放学回家的学生挤得摩肩接踵,数条"小溪"在校园大道汇成河……前面的男生闻声转头:"诶,静姐,击个掌!""周末愉快!"旁边的女生噘着嘴:"静姐,我们周末好多作业啊!""来,抱抱,劳逸结合,加油!""静姐,等一下!QQ多少?我想和你聊聊。"后面有人追了上来……

我有些眼红:我教龄比她长,当班主任比她久,还是一校之长,咋就没有学生黏我?谅你也会为我抱屈,好你个静姐……

这个"特牛"的"静姐"是何许人也?"静姐"本名刘静,是湘南红军学校的专职心理教师。同事们和我一样,都很羡慕静姐,说她是"全校最幸福的老师",纷纷探究她幸福的诀窍,每当此时静姐便嘿嘿一笑:"哪有什么幸福秘诀,顶多,做大了'三教'文章。"我听得云里雾里,想探究出个所以然来。

言 教

　　我注意静姐好些日子了，她和所有的老师没有什么两样，只是人气忒旺，也许和她所从事的课程有关。

　　静姐成天忙于做学生的心理辅导工作，通俗地说，她是学校心理健康教育的导师，说句官话，心理辅导工作以学校教学理念为指导思想，抓好学校心理教育教学工作，营造学校良好心理氛围，提高学生的心理素质及心理健康水平。我跟踪了一个月，总算瞧出了一些门道。她致力于上每一堂心理课时都用心做大心理健康教育文章，帮助学生提高心理素质，培养健全人格，增强学生的自我认知、情绪调节、人际交往、环境适应能力，探求最行之有效的方式。每个学期，静姐都会根据学生的心理状态和实际心理需求，设计主题不一的心理课：有适应环境，促进人际交往的《很高兴遇见你》；有认识自我，正确评价自我的《独一无二的我》；有学习记忆方法，帮助提高记忆力的《记忆力训练营》；有调节情绪，培养乐观豁达心态的《快乐密码》；有理解"生涯"的内涵与特点，了解生涯规划及其意义的《我的人生我规划》；有融洽亲子关系，促进亲子沟通的《有效的亲子沟通》……林林总总，这些心理课，都是学生成长阶段非常需要的，内容也是他们感兴趣的。静姐善于调动学生情绪，课堂氛围轻松愉悦，课堂效果非常好。她给学生的点点滴滴，都是学生做梦都想要的，从"两厢情愿"，造就"两情相悦"，实现"通情达理"的构想。每两周一节的心理课早已成为学生最心仪、最期待、最喜欢的课程。

　　静姐是极有爱心的老师，她的课堂不仅在学校，还在社会需要的角角落落。她是郴州市总工会"芙蓉公益讲堂"的讲师，是宜章县关工委、妇联家庭教育公益讲堂首屈一指的讲师。双休日，就没见她闲过。从城镇到乡村，静姐的脚印深深浅浅烙着，一堂又一堂的课，学生偏爱，连家长也听得如醉如痴。"五老讲师团"的退休老师，只要一提及静姐，赞誉之词滔滔不绝，尤其佩服她细致入微的心理健康指导和家庭教育理论方法指导，连我这位做校长的也深深为之折服。

身　教

当老师的，在教育教学过程中，尤其注重实践。静姐大处着眼，小处着手，身心合一。她明白，心理健康教育的目标是提高学生的心理素质、促进学生人格的健全发展。实现这一目标，离不开教师的言传身教，而"身教"则是最行之有效的途径之一。我们都知道，教师与学生朝夕相处，在向学生传授知识和组织各项活动的过程中，在与学生的日常交往中，无时无刻不在以其自身的人格力量影响学生，教师的作用是无处不在的，也是任何人不可取代的。教师的心理素质直接影响着学生心理素质的发展，影响着教育教学工作的成效。

她是全校唯一的专职心理老师，"静姐"是学校心理教师的代名词；她是最懂学生心理的老师，她走到哪里，哪里就笑声迭起，哪里就高潮迭起。她当然知道，学生最喜欢友善热情、真诚坦率、开朗乐观、待人宽容、言行一致、富于幽默感、富有同情心的老师。她身体力行，时时、事事、处处为学生做榜样，让他们感受到平等、尊重、包容，与他们建立良好的关系。关系先于教育，用她的话说，只有亲其师才能信其道。

那天中午，静姐路过二年级办公室，碰到两个曾经教过的孩子，两人因打架被班长送到办公室，班主任却不在。"赶紧让老师看看，哪里痛？"静姐关注的不是谁对谁错，而是本体，"有没有受伤？"确定无大碍，便耐心地倾听孩子们讲刚才发生的故事。她问先动手的孩子："我很好奇，你是怎么做到的？你这样做一定有你的理由，我想听听。"最后，她问还手的孩子："你想怎么办？""打他三下手板！""轻的还是重的？""轻的。"再问另一个孩子："打他几下？""两下轻的。""为什么他要比你少一下？""因为我先动手打他。"虽然两个孩子从小打到大，但心里依然爱着对方。静姐被感动了，偷偷卖了个人情，在他们的手心轻轻地敲了一下，俩孩子笑眯眯地出去了。从那以后，那俩孩子只要一见到静姐，叫得比先前更欢。别总觉得孩子小，不懂事，其实，他们有时候比大人更精明，更通情达理。

静姐有多重身份，既是一名中学心理老师，又是郴州"春苗书屋"（公益机构）和宜章志愿者联合会的志愿者。一离开学校，她比任何时候都忙。前面说了，公益讲堂，她一场接一场，马不停蹄，还没出教室，咨询家教的微信就挤爆了。再博学的人，都有知识的盲区，一次又一次的心理咨询，累得她黑夜接白天；她还参加志愿者治安巡逻，参加扶弱助残，参加义务献血；关爱贫困山区儿童，组织爱心义卖；她关注留守儿童心理健康，冬天送温暖，夏天送清凉，外加暖心陪伴；三年抗疫，她在"心理援助热线"这一头默默坚守……每当有人道谢，她总是笑着说："一撇一捺方成'人'，你是一'撇'，我愿做那一'捺'，在特别需要的时候，能成为你的支持，才是我最大的荣幸！"

我认可静姐，认可静姐倾心公益活动，她知行合一，真诚地、低调地、力所能及地做她想做的事、乐做的事。

境　教

真正成功的教育，是潜移默化、润物无声的教育，它会存在于学生的生命里，心理健康教育更是如此。近朱者赤，近墨者黑，环境可以改变一个人，也可以造就一个人。静姐的心理课堂与听课者有约定：守规矩，有教养。表达没有对错，只有说与不说。不评价对错，只探讨怎样更好。大家共同遵守约定，营造积极向上、平等尊重的课堂氛围。

不管是在课内，还是课外，一声"静姐"，学生们就能收获一个"笑脸"，一个"击掌"，甚至一个"拥抱"，学生们收获的是善意、鼓励和温暖。孩子是家庭的镜子，学生是学校的镜子，从学生的精神面貌和学习生活，就能感受到校园的和谐美好。

每年国庆前夕，"师二代"们就开始集结，准备和队长（静姐）一起"国庆义卖"。国庆这天，大家走街串巷，卖小红旗、小风车，把义卖善款捐给山区贫困儿童购买书籍，用实际行动表达温暖和善良。静姐有发朋友圈的习惯，朋友圈就是她的记事本，记录着她精彩的人生。如果你也和我一样喜欢静姐，不妨和我一起来看一段有关"静姐"的家庭对话：

妈妈："××（大宝），今天跟队长去参加活动，感觉怎么样？"

大宝（18岁）："很开心，认识了新朋友，学到很多东西。"

二宝（5岁）："哪个队长？是我的队长吗？"

妈妈："是的。"

大宝："是我的队长，我读小学就参加队长的活动了。"

二宝："是我的队长！我上幼儿园就跟着队长了……"

最初参加义卖的大宝都已经读大学了，现在义卖的主力军是二宝。

温暖和善良是一个有序的轮回。静姐把温暖和善良种在大家心里，她种下一个温暖的春天，收获了一个饱满的秋天。

静姐的故事还在延续，她的"三教"和她致力从事的公益事业一样，影响着一代人，带动着一代人，成就着一代人。

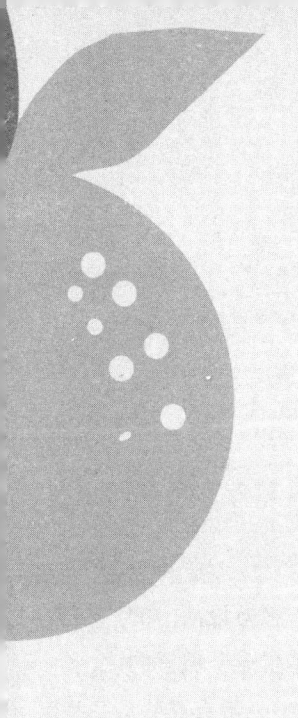

激情飞扬篇

因地制宜，创新发展

为了下好学校这盘棋，校长们无不搜肠刮肚，想方设法。的确，尤其是像湘南红军学校这样年轻的学校，正处在一个积累的阶段，积累人才，积累学识，积累经验，积累人脉……所有这些，得益于局统一部署，领导的关心；得益于全体教职员工锐意进取，潜心教改；得益于学生和家长的倾力配合，才有了湘南红军学校长足的发展，要而言之，我们做大了以下几个方面的努力：

一、继续深化党建工作，巩固思想建设

抓党建促校建，抓党风促校风。全面加强党对学校各项工作的领导，团结带领广大党员教师深入学习党的二十大精神，着力提高全体教职工思想意识，牢记为党育人、为国育才的教育初心。继续创建党建品牌，引领党员教师发挥示范作用，持续推进师德师风长效机制建设，建立一支高素质的师资队伍。进一步完善党建带团建、队建工作机制，引导共青团员、少先队员坚定不移听党话、跟党走，让红色基因、革命薪火代代传承，使党建工作成为推动学校各项工作持续健康发展的强大动力和有力保障。

二、持续推进"双减"工作，努力"提质"加速度

通过调研调查报告，进一步化解学生参与校外培训机构的状况，

优化学生在校期间的作业设计，着力做好减轻学生学业负担和校外培训负担。发挥学校教育主阵地作用，提升课后服务水平，严格落实"5+2"模式开展课后服务工作，让"双减"工作落地开花。

三、加强教育科研，增进学校发展内涵

持续深入学校教科研水平的发展，以教研推动教师专业发展，发挥我校省级英语名师工作室——黄丹英语名师工作室的引领示范作用，积极探索各学科的发展优势，以骨干教师带普通教师为主要途径，以青蓝工程为依托，多渠道促进教师专业水平的发展。

四、坚持五育并举，培养时代新人

坚持落实以立德树人为核心的"五育"并举发展目标，进一步深化德育课程，实行劳动教育助成长的措施，继续强化学校特色发展，重视体艺特色项目的人才培养，深融家校育人合力，促进学生的全方位发展。持续深入推进社会主义核心价值宣传教育，着力培养德智体美劳全面发展的社会主义建设者和接班人。

五、筑牢安全防线，创建平安校园

建立健全安全工作领导小组，明确岗位人员职责，进一步实施校园安全责任制管理，落实安全"制度建设+宣传教育+自查巡查"闭环管理。安全工作与德育工作相结合，阵地建设和心理辅导相结合。努力创建心理健康教育特色学校，培养身心健康的新时代接班人，全面推进平安校园建设。

百舸争流千帆竞，借海扬帆奋者先。2023年将是攻坚克难、充满挑战的一年，也将是充满希望、播种未来的一年。我们始终坚守教育的初心，不忘为党育人、为国育才的使命，努力为宜章教育事业的发展贡献自己的力量！

风雨兼程共奋斗，继往开来谱华章

新故相推，日生不滞，时间的年轮又添新的一环！2021年，饱含荣誉和故事与我们深情告别；2022年，满载梦想和希望正向我们款款走来。感念过去、感慨当下、感受未来，这是我们与您不变的约定，也是触动心灵最深处的仪式感。我们欣喜地与您分享每一份喜悦和感动，也期待聆听您的每一次倾情诉说，我们与时间赛跑，用事实说话，用心捕捉教育精彩瞬间，用情讲述动人故事，用爱传递着湘南红军人的责任和使命。2021年，我们从未却步，在悄然发生的新一轮教育变革中，得到了真实的专业提升与价值塑造，彰显湘南红军人对生命和未来的一份责任、一份坚定。我们深知，一个人，一个集体，必须将个体的发展与民族、国家的命运紧密联系在一起，生命的意义才会更加深远。

2021年，是收获的一年，收获的背后是湘南红军人的自信与坚韧。我们用行动为"建党100周年"献礼，学校坚守为党育人，为国育才的初心使命，坚持以习近平新时代中国特色社会主义思想为指导，我校新三年发展规划稳步起航，各项事业加快发展。在党建引领下，达成了"师德建设有新意，红色文化有品位，乡村振兴有活力，教育科研有成效，学生管理有亮点，后勤服务有秩序"的阶段目标。

2021年，是荣耀的一年，荣耀的背后，是湘南红军人的承诺和责任。这一年，我们获得了全国人工智能教育成果展示大赛优秀组织奖、郴州市心理健康教育先进单位、郴州市文明标兵校园、郴州市扫黄打非示范点、宜章县教科研工作先进单位等多项殊荣；我们的中考成绩再创新高，"两率一平"居同类学校前列；我们的师生在国家、省、市、县竞赛中屡创佳绩，为2021年的湘南红军学校涂上了一抹浓浓的亮色。

2021年更是不易的一年，走得艰辛，幸好有您一路相伴，感谢有你。艰难方显勇毅，磨砺始得玉成，从兢兢业业的管理团队到埋头苦干的教职员工，从呕心沥血的红军园丁到茁壮成长的祖国花朵，一个个伏案工作的身影，一次次心手相连的接力，一幕幕感人至深的场景，生动展示了我们湘南红军人的教育情怀。

所谓的奇迹，不过是勤奋和坚持的代名词，只有竭尽全力，牢记教育人的责任、使命和担当，在新的一年里，我们必将以奋斗创造奇迹，建设美丽、和谐、实力的湘南红军学校。

2022年，我们的教学成绩、教职工素质还需要进一步提升，尤其是课堂教学模式需要提炼升华，形成品牌，我们面临的任务艰巨而繁重，我们肩负的责任重大而光荣。

2022年，我们的管理理念还需要进一步统一，更加注重凸显"红"芯，传承红色基因；营造"红"味，聚焦立德树人；启发"红"智，培根铸魂育人。紧跟"双减"政策的出台，有力推动学校教育体系形成新格局，创造出学校教育新生态。

时光不恋过往，愿奔跑的你我，汇成时代的江河。让我们不忘初心，勇敢面对挑战，扎实工作，锐意进取，继往开来，创造

智慧铸师魂

无愧于时代,无愧于历史的新业绩,奋力把学校的事业推向前进,谱写更美丽的华章。

恭送金牛旧岁去,祝语千万迎玉虎。祝全体同学学习进步、生活愉快、梦想成真!祝全体教师工作顺利、身体健康、家庭美满!祝家长朋友们吉祥安康、万事如意、虎虎生威!祝福我们湘南红军学校精彩不断、魅力无限、再创佳绩、再上台阶。

让卓越成为你人生最亮丽的名片

又是开学典礼,今天侃点儿什么呢?我想给大家聊一个新的话题:让卓越成为你人生最亮丽的名片!

什么是卓越?从字面上理解,卓越就是"杰出的,非同一般。"其实,卓越是个无止境的词汇。"追求卓越",简而言之,就是"没有最好,只有更好!""追求卓越"不仅是一种人生追求,还是一种人生态度,一种人生境界。我们不能决定生命的长度,但我们可以拓展生命的宽度和高度。"追求卓越"就是要激励每一个十一中人敢于超越,不断进取,努力成就最好的自己!

正因为如此,走向卓越应该成为每个十一中人的追求,也值得我们为之努力奋斗。但如何才能走向卓越,或许更值得我们深思。探求卓越人物成功的轨迹,有两点值得我们借鉴和学习。

一、卓越的人都拥有伟大的梦想

每一个人都有属于自己的梦想,但每一个人的梦想都不一样,就像同样是"吃饭",有的人吃饭是为了活着,有的人活着就是为了吃饭。

一个卓越的人,往往源于他拥有的伟大梦想以及对梦想的执着。由于这种执着,使得他任何时候都不会丧失远大的使命感,不会让自己的人生之船永远停泊在某个温暖的港湾，即使前方是狂风暴雨、电闪雷鸣，他也一定会扬起风帆、破浪前行，朝着既定的远大目标，义无反顾地驶向惊涛骇浪。

一个卓越的人，还会将伟大的梦想转变成人生为之奋斗的责任和使命，正如著名作家麦家所说："平庸的人只有一条命：性命。优秀的人有两条命：性命和生命。卓越的人才有三条命：性命、生命和使命，它们分别代表了生存、生活和责任。"

同学们，作为宜章县第十一中学的一名学生，你们拥有的不仅仅是名校的身份与光环，你们更应该拥有为国家、为民族努力学习的责任与担当。你们荣幸地生活在一个伟大的新时代，你们应该拥有自己伟大的梦想！这种梦想应该和中华民族的伟大复兴紧密联系在一起。你们应该在实现中国梦的历史进程中，不断提升自己，超越自己，最终实现从平庸到优秀，从优秀到卓越的华丽转身！

二、卓越的人都拥有非凡的毅力

任何辉煌成就的取得，都离不开非常的努力。贝多芬说："卓越人才的一大特点是，在不利与艰难的困境里依然不屈不挠。"爱迪生说："伟大人物的最明显标志，就是他坚强的意志。"平庸与卓越之间的差别，不在于天赋，而在于毅力。世界上没有一样东西可以取代毅力。无数的事例都在反复地证明，非凡的毅力是实现伟大梦想、成就卓越人生的秘诀。

被称为美国"飞鱼"的菲尔普斯先后获得了23枚奥运金牌、26枚世界锦标赛金牌，成为有史以来最优秀的运动员之一。他从12岁开始训练，每天的生活只有三件事，除了游泳以外，就是吃饭和睡觉。每天从清晨7点一直到晚上6点，他要在游泳池中狂游

20公里,一年365天,天天如此。面对枯燥单调的训练,潮湿压抑的空气,周而复始的动作和单一不变的场景,菲尔普斯以非凡的毅力克服了所有困难。科比是NBA最好的得分手之一,他神话般的职业生涯背后是长期坚持的"666魔鬼训练"。每周6天,每天6个小时,每次6个阶段。假期每天4000次投篮训练,深蹲400次,卧举300次,30米的急速跑、加速跑,最大运动量的举杠铃。别的球星在度假,科比的"6-6-6"课程却风雨无阻地在进行!

从这些卓越人物的身上,我们可以发现,卓越不是遥不可及的彼岸,不是高不可攀的巅峰。只要我们不畏艰难,勇往直前,永不言弃,我们也能从平凡走向优秀,从优秀走向卓越,最终成就非凡的自我。

老师们,同学们,充满希望的2020年已经来到,又是一个千帆竞发的美好时节,又是一段激情燃烧的奋进时光。站在新学期的起点上,我希望大家铭记追求卓越的精神,并把这种精神内化为我们砥砺前行的强大动力。

我真诚地希望全体教职工坚定地承担起学校发展的历史重任,牢固树立忧患意识、竞争意识和品牌意识,增强教书育人的责任感和使命感,珍惜自己的岗位,珍爱自己的学生,维护学校的利益,全心全意、尽善尽美地做好本职工作,扬正气,讲奉献,顾大局,高标准,严要求,创造一流的工作业绩,共同为学校的发展建功立业,助力我们的学生从优秀走向卓越。

我衷心希望全体同学铭记追求卓越的精神,将卓越的理念、卓越的品格、卓越的本色,化为终身坚守、不懈追求、永不褪色的基因、信念和灵魂,为实现自己的人生梦想而自强不息,奋力拼搏。

智慧铸师魂

老师们,同学们,岁月峥嵘需拼搏,年华珍贵莫蹉跎。让我们从今天开始,从现在开始,让"崇尚一流,追求卓越"的学校精神深深植入我们的心田,让卓越成为我们人生一张最亮丽的名片!我相信,在不远的将来,宜章县第十一中学必将因为追求卓越而日益强盛,我们的人生也必将因为追求卓越而变得卓尔不群!

学校呼唤奉献者

人因奉献而伟大，一个能培养出奉献者的学校更伟大。

一、对"奉献"的认识

甘于奉献，是一种崇高伟大的理想追求，是一种纯洁高尚的精神境界，是一种淡泊宁静的道德修炼，是一种心甘情愿的付出行为。无论时代发生怎样的变化，永远是鼓舞和激励人们奋发向上的巨大力量。一个人的行为要称其为奉献，需要满足两个条件：一是涉及本分之外的牺牲，一心为公；二是要有一定量的价值和付出，不求回报。奉献是心灵的呼唤，付出是生命的慰藉。

社会上每一个成员都在付出，同时也在收获。有人总是要求人人为己，却忽略了社会责任。奉献要不要回报，完全是个人的事情。需要回报并非耻辱的事情，不要回报也不一定真的就道德高尚。得之所得，理所当然，付出不得，并非凄然。奉献，虽然是人人的事情，并不意味着大家都没有私欲。风不会把没有目标的船吹向目的地。奉献的伟大意义在于对人性的指引和提升。

二、学校需要奉献者

学校的管理总的来说是属于意识形态的，是要在学生的精神领域起引导作用的。一所学校办学的目标应该要包括"培养具有奉献精神的人"。

在当今社会，市场经济主导下的社会物欲横流，人与人缺乏关怀，公共、集体意识淡薄，在社会的一片唏嘘声中，大家的态度是随波逐流，大家的做法是明哲保身，主动适应社会。而这种结局是可悲的，学校应该要成为改良社会的先锋，应该成为良好社会风尚的传播者。我们不容忽视一个现实，在现实中你最尊敬的不是他钱有多少，地位有多高，而是看他对社会和他人贡献有多大。没有奉献就没有贡献，一个一心为公，不求回报的人，在任何时候都是大家尊敬的人。

和谐校园的构建需要奉献者。教师的奉献体现在爱岗敬业、教书育人、默默付出、辛勤劳动、言传身教，教会学生做人处事、传授学生广博知识，他们是学校的一面光辉旗帜；学生的奉献体现在团结友爱、奋发向上、朝气蓬勃、关心他人、砥砺前行，既关心学校的发展，又知书达理、有所作为，他们是学校的骄傲。

三、学校呼唤奉献者

奉献在于实践。在实践中奉献者获取知识，提高能力，更好地提升服务水平。"最大的为公就是为私"，只有倡导奉献，学校管理水平才能提升，办学目标才能实现，办学特色才能凸显。奉献者传递温暖、传递希望、传递力量。甘于奉献使人充实，使人快乐，使人高尚。自觉做一个奉献者应当成为每一个教育工作者的自觉追求。

奉献者需要尽己所能。甘于奉献既是一种高尚的情操，也是一种平凡的精神。李黎明将师生忧乐挂在心头，鞠躬尽瘁死而后已是一种奉献；"网络妈妈"谭兰霞关注贫困学子，通过网络连接爱心人士和贫困学子，是一种奉献；扎根瑶寨三十年的赵春蓉，坚守自己的信念，是一种奉献；教研能手谢作塘在本职岗位上恪尽职守、爱岗敬业、持之以恒、埋头苦干，也是一种奉献。不论职位高低，不论在什么岗位，大家都能尽自己所能做出奉献。

奉献者需要立足本职。教师是个平凡的职业，做的是神圣的事业。"平凡"在于是三百六十行中的一行，"神圣"在于是人类灵魂的工程师。敬业是奉献的基础，乐业是奉献的前提，勤业是奉献的根本。在本职岗位上，我们都要具有高度的责任心和事业心，忠于职守，尽职尽责，干一行，爱一行，争先进，创一流。要大力倡导爱岗敬业、诚实守信、办事公道、服务群众、奉献社会的职业道德，鼓励人们在实际工作中、在平凡的岗位上做出不平凡的业绩。奉献就在身边，我们在奉献中生活，在生活中奉献。

奉献者需要淡泊名利。教师的职业是清贫的，尤其在物欲横流的时代，坚守这种清贫就更难能可贵。奉献者要耐得住寂寞，守得住清贫，受得住委屈，真正砥砺人格。吃苦在前，享受在后，"当老实人，讲老实话，做老实事"。

育人的事业是一项宏伟的事业，也是一项艰巨的事业。他呼唤着千千万万甘于奉献者。学校工作在奉献者推动下前进，事业的蓝图在奉献者奋斗中实现！

做爱心传承的使者，成有温度的教育

一个有温度、有风度、有亮度的校长，虽然不能与所谓的"绅士"画上等号，至少，应该是一方水土养育出来的楷模，堪称实实在在的好人，的确，善举创造和谐，爱心传承美德，作为红军学校的校长，他用自己的实际行动传承自强不息、乐于助人、无私奉献的中华民族的传统美德，以坚定的信念坚守这种精神追求，以无私的奉献创造生命的价值，他始终坚信："送人玫瑰，手留余香"，做爱心传承的使者，成有温度的教育。

一、传承红色基因，育时代好少年

"我知道邓中夏爷爷是湖南宜章人，他是革命先辈，是我们学习的榜样……"二年级一班的谭子健同学正在红色思政课上绘声绘色地讲述邓中夏同志的故事。这是湘南红军学校传承红色基因，育时代好少年的一个典型场景。

依托学校红色文化的资源，红色文化展馆、爱心传承馆等丰富教育素材，准确定位学校育人方向，把丰富的红色文化资源转化为优质的教育资源，将红色文化融入课程教学、日常管理、校园文化、社会实践等，形成了全员、全过程、全方位开展红色文化育人格局。他带领的团队主要做法是：凸显"红"芯，传承红色基因；融入课堂教学活动中，增强红色文化引领力；融入日常管理活动中，增强红色文化渗透力。营造"红"味，聚焦立德树人；全面打造红色文化阵地，全面营造红色文化氛围；启发"红"智，培根铸魂育人；用红色精神坚定理想信念，用红色课程培养扎实学识，用红色评价增强仁爱之心。学校打造成了宜章县党史国史教育示范校，是宜章县委、县政府推动建设教育强县的一张亮丽名片，确保基层义务教育始终服务、服从于党和国家的教育政策方针，为党育人、为国育才，争做人民满意的教育，争当人民满意的教师。在他的带领下学校成功承办市委党史办、市教育局在我校开展的"学党史、颂党恩、跟党走"专题现场会，县委组织部开展的"新时代基层干部主题培训现场会"等一系列活动，持续深入推进学党史活动。在湘南红军学校，全体湘红人践行社会主义核心价值观和爱党爱国爱校成为全体师生恪守的价值遵循。

二、春风化雨，爱心汇暖流

"感谢学校领导的关心和帮助，捐了这么多钱给我，我的儿子的病治好了，现在可以回学校读书了。"这是学校六年级学生曾某某妈妈，拿着医院诊断证明来到学校找到李俊校长，发自内心的感谢，两眼噙满了泪水。曾某某一年前查出白血病，父母是外地人，在宜章工业园务工，学校第一时间启动捐款救助，伸出援手，共计捐款7万余元，解了燃眉之急。在湘南红军学校的师生是幸福的，学校对困难师生的关爱无处不在，因为他们有一个爱心传承的校长。

李俊校长是一位有情怀的校长，他对老师和学生的关爱如春风般温暖，面对学校五千七百多名学生、三百多个教职工，他总是用自己的实际行动关心着学生的健康成长、教师的专业成长，尤其是面对困难学生、留守儿童和困难教师，他更是想尽一切办法帮助他们。

腾讯99公益募集爱心基金，他带头捐款600元，个人发动亲朋好友捐款三千五百多元，组织全体师生、社会爱心人士为学校募集到了10万多爱心款。他亲自看望重病在家的老师，嘱咐老师保重身体，有困难第一时间报告组织；到困难学生和留守儿童家中走访，不能让一位孩子因困辍学。他用自己的实际行动传递着大爱，涓涓细流汇成一股暖流，温暖着所有湘红人的心。

三、育心智，打造心理健康的摇篮

"静子姐姐，我是爷爷奶奶带大的，我感觉不到爸爸妈妈的存在，对他们感觉很陌生。"这是七年级张某某同学在和心育室刘静老师做交流。经过刘老师的指导，张某某同学能够悦纳自己和父母，成长为阳光少年。这是在李俊校长爱心传承下，心理阳光之花处处开的一个展现。

李俊校长常说，教育的本质不在于分数多少，而在于促进学生有完整的人格，有健康的身心。他非常注重学校心理健康教育，在他的带领下，学校成立了以刘静老师为中心的心育中心，努力培养一批心理健康专业教师团队，让每个湘南红军学子阳光身心，快乐学习，健康成长；让每个老师以阳光心态，快乐教育，以爱育爱；让家校共育，阳光沟通，快乐合作，建设团结和谐、奋发向上的集体，学校在2017—2021五个年度被评为"郴州市心理健康教育优秀单位"。

好校长就是一所学校的灵魂，李俊校长正是这样一位好校长，以"爱心传承"思想培养人、引领人，带领着湘南红军学校走向更美好的未来！以梦为马争韶华，爱心传承写青春，春风化雨细润物，丹心热血开新花。爱是阳光，爱是温暖，在阳光的温暖下祖国的花朵才能快乐绽放，这样一位有爱心传承的校长带领着全体湘南红军人传承爱心，不忘初心与使命的理念，为党和国家培养更多优秀人才，成有温度的教育。

智慧铸师魂

凝心聚力启新程，踔厉奋发向未来

"春风送暖育生机，大地披绿万象新"，我们告别了寅虎年，迎来了新的一年。我谨代表学校党支部、行政部门向所有同学表示亲切的问候，祝福同学们学习"兔"飞猛进，前"兔"无量。向全体教职员工致以崇高的敬意，祝老师们工作顺利，家庭幸福，万事顺意！

2022年，全体湘南红军人齐头并进，奋发向上，用智慧和汗水，取得了不菲的成就。2022年，我校获得了全国青少年传统体育项目比赛（跳绳项目）最佳风采奖、全国"创新小作家"示范基地、全国青少年人工智能基础教育科普基地、湖南省首届体育运动会青少年书画网络大赛最佳组织奖、湖南省扫黄打非示范单位、郴州市心理健康教育特色学校、郴州市文明标兵校园、宜章县意识形态先进示范单位、宜章县中小学艺术节优秀承办单位等殊荣；我们的中考成绩再创新高，其中体艺特长生考入省示范学校有19人，位居全县初中学校的第一名，考入省示范性高中和免费师范生达96人。我们的老师、学生在国家、省、市、县各类竞赛中勇创佳绩。我们共同谱写了学校发展史上浓墨重彩的一笔。

新学期，新起点，在这春暖花开的美好日子里，全体湘红人继续建设美丽、和谐、实力的湘南红军学校,以"办好县内一流、市内知名学校的目标"为出发点和落脚点,积极回答"办什么样的学校""做什么样的老师""育什么样的学生"三个深层次根本问题,着力强化内涵建设发展,进一步坚定发展信心,笃定扎实前行,全力加快学校高质量发展进程,努力贡献力量。

"办什么样的学校"。基于新时代教育发展要求,立足学校发展实际,我们确立了学校的发展定位,即"用红军精神建设好红军学校,努力建设美丽、和谐、实力的红军学校";明确了学校的发展目标,即"办全县一流、全市知名的学校"。我们高度关注学生全面发展、教师专业成长,进一步明晰了学校发展理念,即"积极为学生终身发展奠基,积极为教师专业成长服务"。我们牢固树立"校长为师生服务,教师为学生服务,一切围绕学生发展服务"的工作理念,积极为学校高质量发展、教师专业成长、学生成人成才搞好全方位服务,有效增强了学校高质量发展的凝聚力。大力改善整体办学条件。我们着眼于夯实学校教育教学发展基础,着力从"软""硬"两个方面提升整体办学水平。硬件上建设完善初中部田径运动场,改造小学部田径运动场(主席台钢架棚、天然草改人工草),小学部道路白改黑,初中部、小学部食堂雨棚建设,心理健康教育室建设,档案馆建设。软件上继续加强智慧校园建设,网络、监控、广播三线合一改造,网络中心服务器升级;进一步建设红色校园文化,突出红色育人主题,营造良好的育人氛围;建设好智慧图书馆,让图书走出书库、走近师生身边,实现借阅智能化、便利化,建设书香校园。

"做什么样的老师"。全体老师要争做"有理想信念、有道德情操、有扎实学识、有仁爱之心"的"四有"好老师。一是学校将全力以赴为老师们安心工作提供有力保障,这是学校一以贯之的工作理念。二是继续实施"青蓝工程",为每一名新入职教师配置专业发展导师,积极助力教师专业成长。三是依托省市县名师工作室,着力强化科研示范带动,建设名学科、打造名教师,积极助力老师们向优秀型、创新型、专家型教师转变,全力支持教师专业成长。

"育什么样的学生"。"全面贯彻党的教育方针,认真落实立德树人根本任务,努力培养德智体美劳全面发展的社会主义建设者和接班人",聚焦德智体美劳"五育并举",着力推进学校教育由"教书"向"全面育人"转变。积极为每一个学生成人负责。我们将按照"以德为先,活动育人"的工作思路,开展丰富多彩的活动,让孩子们在活动中成长、体验。积极为每一个学生成才助力。高度重视学生发展核心素养,积极推进教育教学创新,着力深化传统课堂教学改革,不断提升课堂教学质量和水平。高度关注学生全面发展,努力培养德智体美劳全面发展的高素质人才。我们高度关注学生个性发展,按照"因材施教,有教无类"的教育原则,针对不同学生学情,积极开展有针对性的教育。我们高度关注学生终身发展,不仅在现阶段学习期间关注学生的成长,更着眼于为学生长远发展、终身发展负责任、打基础。

同学们,目标在前,使命在肩,"风正潮平,自当扬帆破浪;任重道远,更需策马扬鞭"。同学们,梦想不会自动成真,奋斗是其桥梁;目标不会自动抵达,实干才能看见远方!世上只有拼来的精彩,没有等来的辉煌!在万物萌生的日子里,让我们踔厉奋发、笃行不怠,保持昂扬的斗志、积极进取的精神、做一个迎风奔跑的激情少年!

春暖花开日,奋斗正当时。老师们、同学们,让我们鼓足干劲、鼓起勇气,共同奔赴我们的"星辰大海"!

传承红色基因，聚焦立德树人，培根铸魂育人

宜章县湘南红军学校创办于2012年，其前身是宜章县第四完全小学，2013年命名为"宜章县承启红军学校"，经全国红军小学建设工程理事会挂牌成为全国第132所红军小学，成为湖南省首家"全国五星级红军学校"。2019年9月，学校更名为"宜章县湘南红军学校"，成为九年一贯制学校。近年来，我校根植于宜章这片红色沃土，把丰富的红色文化资源转化为优质的教育资源，将红色文化融入课程教学、日常管理、校园文化、社会实践等，形成了全员、全过程、全方位开展红色文化育人的格局，得到上级领导的高度认可，受到家长、社会的广泛赞誉。

学校的心理健康教育中心成立了，中学部的孩子们有了可爱的静子老师，国家二级心理咨询师、县师德模范刘静老师可以专心做自己喜欢的擅长的工作；学校的多个名师工作室成立了，在全县青年教师教学竞赛中，我校李进京、黄丹老师获一等奖，赴郴州市参赛；在郴州市义务教育教学案例评比中，吕秀军、陈州华、欧阳文鸳、曾妮、刘静、李琴6位老师获一等奖，课例送省参评；在省级教研课题小语阅读中黄元洁、李鸿熠、邓泽荣、肖亿

平、邓洋雨、李子淳、李阳毅、李珍坤等学生获省一等奖；郴州市少儿才艺大赛中陈莎莎获市级金奖；湖南省校园文学大赛中胡悦晴、杨娟获省一等奖。在2021"少年硅谷——全国青少年人工智能教育成果展示大赛"中，我校参赛作品《传承红军精神——争做时代好少年》入围全国四个展示作品之一，获优秀展示作品奖，一等奖1个，二等奖1个，三等奖2个。2021年全市九年级毕业统考，学校成绩再创新高。

在上级教育行政主管部门的悉心指导下，学校党支部全面贯彻落实党的十九大教育方针，紧紧围绕办人民满意的教育的要求，着眼于保持和发挥党的先进性，增强党组织的凝聚力，切实加强党的基层组织建设，全面落实"党建+师德师风""党建+德育教育""党建+教育教学"，把"党建+"全方位、全过程贯穿于学校各项教育工作中，以"党建强"引领"教育强"，努力开创学校党建与教育教学工作互促共赢的新局面。

我们的做法是：

(一) 凸显"红"芯，传承红色基因

按照习近平总书记"落实立德树人根本任务""要让红色基因代代相传"的重要论述，把红色教育融入立德树人全过程，让学生在潜移默化中浸染红色基因。

1. 融入课堂教学活动中，增强红色文化引领力。运用课堂教学主渠道，通过挖掘红色资源精华，打破红色文化教育与专业教育的阻隔，研讨出特色化的红色课程体系。学校围绕"中国红色革命历程""宜章红色革命历程""托起明天的太阳"三方面内容，收集红色故事、红色歌曲、红色诗词、红色家书等资料汇编成《湘南红军学校校本教材》，并制作了一批红色文化教育课件。学校将红色文化教育纳入教学计划，常态化，每个班每周上一节红色文化辅导课。红色文化广泛运用到思政课和课程思政中，实现了红色文化知识和课本知识教学上的无缝衔接，巧妙融合，让学生自觉汲取红色滋养。

2. 融入日常管理活动中，增强红色文化渗透力。学校把红色教育与庆祝"五四""七一""九一八""十一"等重大节日结合起来，与党团组织建设、校园文化建设、班级建设等结合起来。通过走访老红军战士，参观革命故居，祭扫革命烈士墓，经典诵读，文艺晚会，国旗下讲话等多种形式的教育活动，让学生在活动中了解党的革命历史，了解革命先烈的英雄事迹，引导青少年继承光荣的革命传统，弘扬爱国主义情怀。今年，我校以"庆祝中国共产党成立100周年"为契机，在全校开展了"读党史、颂党恩、跟党走"系列教育活动——先后邀请了老革命同志、劳模工匠到校讲座。组织学生们开展了重走长征路、读红色书目、看红色展馆、讲红色故事、唱红色歌曲、诵红色经典、观红色影片、学红色人物、做红色传人等活动。在系列活动中，激励全校师生学习革命精神，让激活红色基因的德育实践融入成长成才的全过程。

（二）营造"红"味，聚焦立德树人

为了让学生随时随地能够与红色文化亲密接触，学校采取的主要措施有：

1. 全面打造红色文化阵地。一是操场、教学楼等均有红色主题词，充分展现了党和国家领导人对革命老区的红色情怀以及对青少年儿童的红色希望。二是在校园主道设置红色文化长廊,在教室、走廊、宣传栏等醒目之处布置大量具有革命传统色彩的格言警句,悬挂张贴伟人肖像,让学生时时刻刻浸润在红色氛围中,内化于心。三是创建了红色文化展厅,让学生们近距离地感受到在宜章大地上毛泽东、周恩来、邓小平、朱德、彭德怀、陈毅等老一辈无产阶级革命家的光辉足迹,邓中夏、高静山等一大批宜章优秀儿女的光荣事迹。四是建设了爱心传承馆。展馆介绍了宜章解放七十余年来,在党和国家的关怀下,宜章老区人民在历届县委、县政府领导下,弘扬老区革命精神,奋力拼搏,取得了翻天覆地的变化。展馆直观地对青少年进行了良好的爱国主义教育。

2. 全面营造红色文化氛围。校园一室一物、一花一草、一标识一旗帜,均巧妙、有机地融入红色主题,从班牌、班级口号到教室布置、办公室布置等全方位打造红色班集体文化。其次,加强校园广播台建设,在校园广播台中广播红色故事,传唱红色歌曲;积极办好学校宣传栏、黑板报,加大红色文化在其中的分量;定期组织学生轮流参观红色文化展厅和红色文化长廊,定期开展红色主题班队活动,激励学生学习革命精神,争做"四有"新人。

通过系列措施,学校"红"味愈发浓厚,学生亲身体验、弘扬家乡的"红色文化",增强对党史的了解,激发学生的爱国、爱党意识,以及建设家乡、建设祖国的伟大志向,做共筑"中国梦"的好少年。

(三)启发"红"智,培根铸魂育人

我校依托学校丰厚的红色文化底蕴,积极探索基于学校红色文化浸润中的师德师风建设,用红色文化强师德、铸师魂,培育新时代"四有"好教师。

1. 用红色精神坚定理想信念。学校立足实际，依托红色文化，创新学习形式，让党史学习"热"起来。学校党支部组织开展了"学党史，知党恩，跟党走"为主题的党史学习教育系列活动，如成立了党史宣讲团；邀请了谭兰霞、范捷、王明灯等专家来我校做主题宣讲活动；开展了教师诗歌朗诵比赛；通过教师例会、行政例会、"三会一课"等丰富多样的形式，立体式、全方位强化党史学习教育效果，使党史教育学习入脑入心。在红色精神的感召下，全体教师牢牢抓住立德树人这条主线，坚守着奉献教育的情怀，努力成为学生学习知识的传道者、健康成长的指导者、美好人生的领航者。

2. 用红色课程培养扎实学识。学校坚持以课程改革促教师专业成长，让学识变得丰厚、扎实。我校积极开展教研教改活动，坚持每周三的教学开放日活动和每周五下午组织全体老师进行政治、业务集中培训，学校党支部认真组织开展"党员与入党积极分子结对""党员教师示范课""优秀教师与青年教师结对"活动，通过校本教研、网络培训学习、青蓝工程、"请进来，走出去"、成立"名师工作室"等活动，让老师们汲取教师专业发展的深层营养，获得了学识素养和能力发展的同步提升。

3. 用红色评价增强仁爱之心。学校坚持以红色评价为导向，积极构建"五星教师"评价体系，引领每一位教师将爱倾注于"仁而爱人"的教育事业，学校以师德师风建设、教师专业发展、教师素质提升为重点，从德、能、量、效、勤五个方面对教师开展评价引导，促生教书育人源动力。在红色评价引领下，全体教师坚守高尚情操，以爱育爱。在红色评价激励下，教师凝聚力和战斗力逐步增强，一支党性强、有担当、能力强、有作为的教师队伍逐步形成。

"红军不怕远征难，万水千山只等闲"。86年前，《七律·长征》赞美了红军不怕困难，勇敢顽强的革命精神，86年后的今天，我们相信，在县委、县政府的坚强领导下，有上级教育行政部门和在座各位领导的指导、关心，聚焦立德树人，传承红色基因，湘南红军学校将会取得更大的教育辉煌。

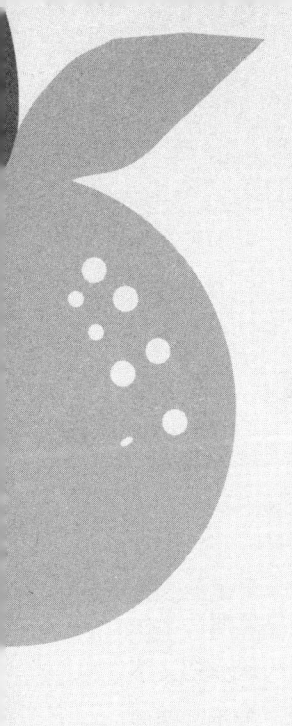

教学论文荟萃

说说学生有感情朗读的培养

在语文教学中，每每要求学生朗读课文时，我总是期待学生能声情并茂地将课文内容演绎出来，可是每次学生的朗读却又不尽人意，常常出现一些问题，"唱读"现象较为严重，要不就朗读速度过快，"小和尚念经——有口无心"，根本没有品味出文中的感情，而真正会朗读的学生却寥寥无几。没有感情朗读的语文课堂就如"没有水的池塘"，干巴巴，没有活力。这就不禁使人想问：学生的感情哪儿去了？当我深入学生的实际一了解，才惊讶地发现：学生的精神生活太贫乏！

《新课程标准》中对朗读的要求是：用普通话正确、流利、有感情地朗读。课文朗读是语文教学中的一项基本功，有感情地朗读课文有助于加深学生对课文的理解，使其受到感情的熏陶。那么，如何让学生把感情注入朗读中呢？

一、创设气氛让学生愿读、乐读、争着读

朗读训练，必须想方设法调动全体学生全身心地投入，单调的朗读方法只会使学生读得口干舌燥，昏昏欲睡，直至最后学生失去读的兴趣。如学生朗读时放些相应的背景音乐，有时请学生配配画外音，也可把学生的朗读现场录音进行比赛等。我在教

《未来城参观记》一课时，在理解的基础上，我跟学生说："未来城如此奇特，还有许多游客想来参观呢！谁能做个出色的导游，为他们介绍？"学生情绪高涨，跃跃欲试，我顺势引导："要想做好导游，首先要把课文读熟，并要读出感情来——读出未来城的奇特、有趣，这样在介绍时，才能眉飞色舞，生动精彩，让游客们听了赞叹不已。"几句话激活了学生的读书欲望，连平时不爱读书的学生也有滋有味地朗读起来。

二、理解与朗读相互依存

在阅读教学中，把朗读与理解截然割裂的现象并非罕见，分析前读一遍，讲解完后再朗读一遍，甚至根本没去理解，就要求学生读出感情来，这是很困难的。一次，听一位教师上《春》一课，仅仅理清了文章脉络后，她就要求学生读出感情，还说："春天的景色这么美，请大家美美地读出来。"为何"美"，景色美又在何方？课后，我问学生："景色美在哪儿，脑中有画面吗？""哪些词句写出了景色美？"学生茫然，不知所措。诚然，我们的祖先有"书读百遍，其义自现"的古训，但正如鲁迅先生所说，"在瞎弄里摸索，自悟自得的毕竟是少数"，所以朗读要以理解为基础，通过朗读又可促进对文章的感悟品味，它们是相辅相成的，必须有机结合。一次我上《盗火的英雄》这一课，其中有一句："他的动作是那样的迅速机敏，太阳神一点儿也没有发觉。"我请学生试读，提醒他们："怎样才算正确地读？"结果，有的把重音落在"迅速机敏"上，有的一见"那样"一词，就把重音落在"那样"上——显然，对上下文的理解还未到位。于是，我引导学生再读上下文有关句子，弄清楚普罗米修斯盗取火种的情况的紧急，学生才恍然大悟，应重读"一点儿"。如此一来，学生便从朗读中深深体会到普罗米修斯的敏捷。

三、由我及物，移植感情

文本浸润了作者的感情，也是学生感情的"生发源"。与文本充分地对话，是达到有感情朗读的关键。学生通过想象、联想，能够充分感受形象、揣摩作者真挚的感情，同时使个体感受和文本意义交融。无情的景物都和审美的主体一样，当有了活生生的感情和行为，就会令人品味无穷。移情能使美感活动充满鲜活的力量，使得审美对象被真情点化，化物为人，洋溢着感情。如《胡杨》一文中："胡杨有一天不行了，像饮弹的巨人那样歪了歪身子，在倒下之前再挺一挺、挺一挺"——这个"挺一挺"，使胡杨具有了最大限度的能量。作者发挥充分的想象，用生动形象的比喻写出了胡杨那坚强不屈、宁死不倒的精神。学生在朗读时同样能真切感悟到胡杨的坚强，再加入自己的想象、联想作用就能达到物我同一的审美境界。

四、产生共鸣，触景生情

语文不是无情物，字词句段都是诗。作者的感情表达常常隐藏于文字深处。因此，语文教学要想让学生真情流淌，就必须牢牢抓住文中的关键词、重点句，读读、议议、品品，让学生在品中感悟，从而积蓄感情，与作者产生共鸣。许多文章所描述的境界，同学生的感情世界相融，是活生生的客观世界的艺术再现，它们具有强烈的审美感染力。当学生在朗读欣赏这些作品时，常会自然地进入作品境界。有的文章与学生的感情上有某种相似或一致，就很容易引起学生的共鸣。如湘教版小学语文四年级下册《穿红裙子的老师》一课，正是描写农村孩子与老师浓浓的师生之情。文中所描绘的情与景都是与孩子们的生活息息相关的，他们在学习时很自然地就将他们生活中的感情体验糅合到文章的情境描绘中，引起感情的共鸣。在朗读时，学生就很自然在把对老师的喜欢、不舍之情通过自己质朴的语言流露出来。

五、精选练点，锤锤有声

叶圣陶先生把有感情的朗读叫作"美读"，"设身处地地、激昂处还它个激昂，委婉处还它个委婉……务期尽情发挥作者当时的感情，美读得其法，不但了解作者说些什么，而且与作者的心灵相通"。然而真正能读出感情来并不容易，需在朗读技巧上做必要的适当的指导，如停顿、轻重、缓急、语气等。但这些指导不可能课课皆有，次次具备。因此，要精心选择朗读训练点，每次训练有个侧重点，锤锤敲打，锤锤有声。如《桂林山水》中的"啊"的读法，可进行音变、气声的训练。"啊"的具体读法是："静啊（nga）、清啊（nga）、绿啊（ya）、奇啊（ya）、秀啊（wa）、险啊（na）"。还可告诉学生，随着读"啊"字，气流也轻轻带出，以达到"以情带声，以声传情"之功效。《多梦的季节》文质兼美，行文活泼流畅，语言颇具层次美、节奏美、形象美，是进行朗读节奏训练的较佳课文。"眼看着/小树/伸展着/繁茂的树叶，眼看着/雏鹰/独自去/遨游蓝天……"前半句读得稍重且慢，要读得轻快而短促，读出明丽清脆，"繁茂的树叶……"要读得渐慢渐轻并有余音，体现省略号的余味无穷。这样读，"大珠小珠落玉盘"，叮当有声，错落有致，读出了语言的韵味，读出了语言的音乐美。同时，学生一旦掌握技巧后，将举一反三，极大地提高朗读教学质量。

感情是作者创作的原动力，也是作品的生命力，学生要学会捕捉文中"感情焦点"，挖掘语言的感情因素，深刻领会感情的产

智慧铸师魂

生始因以及感情蕴含的思想内容,在此基础上进行感情朗读。教师应通过创设情境、移植感情、产生共鸣,引导学生入其境、通其心、感其情,在对文章有了充分感悟、理解的基础上,借助感情朗读,以抑扬顿挫之声、表身临其境之意、抒真挚深切之情,以达到"情由心生,情自口出"的境地。

初中语文晨读有效性探讨

初中语文晨读课，制度沿袭已久。形式大多是让学生自己读书，老师很少参与。有的同学抓起课本就读，读来读去是同一篇课文，没有重点，没有针对性；有的同学读书如和尚念经——有口无心，读了老半天记不住东西；有的同学提不起精神，读着读着读出了睡意，头不知不觉滑到了一边。年级越高，读书的声音越小。这样的晨读课，是低效甚至是无效的学习。

"一日之计在于晨"，早晨是学习的黄金时间。利用好了对学生的学习有很大帮助，短短40分钟的晨读课大有可为。如何提高晨读的有效性呢？这要求教师重视并指导好学生的晨读。

一、指导学生晨读要有目标

教师在晨读之前，要指导学生早读目标。大致讲，早读有三个目标，一是复习旧知，把学习过的知识梳理好；二是预习新知，把新知识熟悉，做到心中有数；三是兼顾其他学科，合理搭配。根据学科进度，周、月晨读计划和目标要及时调整。学生有了明确的目标，就有了努力的方向，读时就热情高涨。目标的设置不是随意的。

二、指导学生晨读要有内容

晨读的内容,一是要适量,放声朗读的内容以不超过三分之二为宜;二是读的内容尽量体现重点,以预习和复习的知识为主;三是读的内容尽量体现大语文观,与语文有关的知识都可以作为晨读内容,拓宽学生视野,增加学生阅读数量。四是教师要课外搜集一些对学生朗诵水平提高有效的经典朗读作品,作为训练内容,提高学生读的能力和水平,如徐志摩的《再别康桥》、闻一多的《最后一次讲演》、朱自清的《背影》等。

三、指导学生晨读要有方式

除了让学生齐读、自读或让朗读能力较强的同学一句一句地带读,我还采用分组读的方式,把学生按照座位编成小组,四至六人为一组,选出组长,小组可以根据自己的计划安排晨读。如分角色读、轮流评读、赛读等,分组读既培养学生团结合作、齐心协力的意识,又增加读课文的趣味性,边表演边读可以锻炼学生的模仿能力和创新意识,合作产生共赢。

四、指导学生晨读要形成一定模式

习惯是人思维和动作的凝结,养成好的学习习惯的效率是最高的,而晨读的习惯就是要形成晨读模式。我的做法是,晨读前三分钟,计划好晨读的内容和步骤,解决读什么、先读和后读什么的问题。花 10 分钟先读复习的内容,读后用三分钟反思哪些知识还没有掌握,区分好旧知的熟练程度,并标注好学习时间。然后花 15 分钟预习新知识,在读的时候要求"不动笔不读书",发现问题,记录感悟。余下的时间,自由安排,可以背诵默写,也可以小组交流朗诵、背诵体会。

五、指导学生晨读要检测方法

除了重视读的内容、读的形式,还要注意指导读的效果检测。

1. 默写。在晨读课的最后几分钟,检测当堂所背内容,如默写几个名句,看一下正确率。不必收上来批改,当场就让同桌交换互批,错在哪里及时用红笔订正,对默写全对的予以表扬。结果证明,趁热打铁式的默写正确率很高,这也极大地调动了同学们读书的积极性,增强了他们的自信心。

2. 抽背。抽背,一方面是督促学生读书专注、提高效率;另一方面,也能从对个体的抽背中了解全班同学读书的进度及有可能存在的问题。还有就是学生在讲台旁背书,这不会影响其他同学读书。抽背应该说是对效果进行检测的一种较好的方式。

3. 朗诵比赛。对一些经典的朗诵篇目,采用朗诵比赛的形式,由小组推选出代表,进行三至五分钟的比赛。既检测学生的朗诵水平,也让学生辨别鉴赏,提供相互学习的平台。

运用现代教育资源，丰富农村语文课堂

近年来，国家远程教育工程在中西部地区逐步推进，许多偏僻的农村学校，也用上了计算机，有了光盘教学室和多媒体教室，教育手段和教育资源渐渐丰富起来，它将会改变传统的"粉笔加黑板"式的不能适应现代的教育发展的落后的教学手段。因此，农村教师在这场传统向现代教学转型的教育变革中任重道远。针对目前的教育现状，我认为农村学校要顺应教育发展潮流，缩小城乡教学差距，农村教师必须努力学好多媒体教学知识，结合现有的现代教育资源（幻灯机、录音机等），来丰富课堂教学，激发学生学习兴趣、情感和思维，提高教学效果。

教育部制定颁布的《语文课程标准》指出：语文课程应注重现代科技手段的运用，使学生在渗透和整合中开阔视野，获得现代社会所需要的实践能力。那么，如何使用现代教育技术灵活地运用到语文课堂教学中呢？我结合本人农村语文的教学实践，浅谈一下拙见。

一、有效利用多媒体辅助教学，丰富农村语文课堂教学

1. 利用多媒体，展示教学内容美。

农村学生的视野有限，对外面很多事物知之甚少，语文课本中讲到的人、事、景就难以理解。利用多媒体教学，既能看，又能听，还可以动手操作，使学生产生身临其境的感觉。如上《周庄水韵》一课，既要让学生感受江南水乡的水韵美、周庄的和谐美，又要让学生体会到散文的语言美。教师可以在播放课文朗读时，配上《春江花月夜》的乐曲，再投影出周庄的美景图片。一幅幅水韵图画，随着课文内容的变化而变化，和着轻松的音乐，闭上眼睛也能想象得到周庄的美，这样将呆板的文字内容转化为了轻松美好的学习氛围，唤起了学生们强烈的探索美的情感，从而在轻松愉快的情境中受到教育。又如教学《斑羚飞渡》，光靠阅读文字是难以想象出斑羚飞渡过程的，更难以感受到斑羚们那种为了种族延续自我牺牲时的壮美。这时我们可以充分利用多媒体播放紧张的音乐，配以中央电教馆制作的关于飞渡的动画。在小斑羚飞渡过去后轻快的咩叫声和老羚羊掉下悬崖后凄厉的惨叫声中，学生获得了直观的理解，感受文章思想感情自然水到渠成。

2. 利用多媒体，展示教学方法美。

多媒体教学有其独特的教学方法，它不需要黑板，不需要粉笔，只需要鼠标轻轻一按，栩栩如生的世界立刻会尽收眼底，教师的情感、教态、语言、教学方法等都可以在使用多媒体的教学过程中美化学生的心灵。特别是字词教学时，把预设的字词读音、字形设置成活泼生动的元件，再辅以自动发声儿歌，这样看、听、读结合起来，呆板无趣的字词课也丰富起来。

3. 利用多媒体，展示教学效果美。

计算机是一个双向媒体，不仅能够呈现教学信息，还能接受学生输入的信息，并进行判断，诱导学生思考问题和强化记忆，诱导学生去寻找并发现错误所在，最终获得正确的结论。比如教学《田忌赛马》一课，这篇课文写的是田忌与齐威王间的两次赛马，"第一次赛马田忌为什么三场全输了？第二次赛马为什么赢了？"是学习的重点和难点。在电脑软件中可以设计六匹马，两匹上等马，两匹中等马，两匹下等马，齐威王的三匹上、中、下等马跑得稍快一些。在教学中，让学生在计算机中实际操作两次赛马的经过，学生很容易地找到了问题的答案。接着提出一个问题："第二场比赛有没有别的办法让田忌赢齐威王？"学生自己操作电脑，自己得出了结论"孙膑给田忌出的主意是唯一能赢的"，从而更深入地理解了课文。利用多媒体技术，把过去的教师讲、学生被动听的乏味学习，变为学生轻松愉快的操作，掌握知识的欲望更加强烈，课堂气氛更加活跃，学生的学习兴趣更加浓厚。

使用计算机教室的"特权"，不是每位教师都有，我们完全可以利用其他现代教育资源辅助教学。

二、运用光盘教学，丰富语文课堂教学

1. 利用光盘教学，使学生闻其声，见其形。如教授《巴东三峡》一文时，利用一定时间放映电视《话说长江》中三峡景色片段，效果自然比幻灯更胜一筹。教《泰坦尼克号》《一个都不能少》《鲁提辖拳打镇关西》等文，可以截取相关影视镜头让学生欣赏，这样既能吸引学生，又能使学生通过电视情节更好地理解课文内容，这种教学效果是其他教具难以达到的。当然，教师利用电视教学要做到"有度"，选取镜头要有目的，而不是把电视剧从头至尾放映，否则就成了看电视课，效果适得其反。

2. 借用一些优秀教师的教学录像，面对面接受名师指导。一个教师长期用单一的教学方法教同一班级，会产生乏味的感觉，因此，教学方法的多样化是吸引学生积极学习的一个重要因素。

我觉得，教师可以选择一些自己不能灵活驾驭的课文的知识点的教学课例来播放，让名师来代替自己教学，教师在旁边对学生加以引导帮助。采用这种教学方式，学生觉得新鲜，又能受到名师指导，师生取长补短，从中获得许多好的教学方法和学习方法。特别是对一些缺课或不敢发言的学生，通过45分钟的录像观摩，更能取得意想不到的实效。

三、利用其他视觉媒体，丰富语文课堂教学

幻灯、投影在农村学校已普及，基本能达到每班一台，其操作方便，使用灵活可靠，能满足教学手段多样化的要求，且适合各个教学环节的使用，因此，教师不要忽视它们的作用。

1. 利用幻灯展示画面，激发学生兴趣、思考，帮助辨析，加深感悟、理解。如上《中国石拱桥》一文，画面显示两座桥，使学生直观上加深对两座桥的印象，迅速了解其特点。诸多写景状物的文章，如《石榴》《鹤群》等，通过幻灯图画展示，同样使学生熟悉所学景物的特征，从而获得良好的教学效果；教学古诗词，利用幻灯图画展示，能使学生有加深对诗词意境的领悟与理解，达到"此处无声胜有声"的效果；介绍著名作家，通过幻灯展示其肖像，既能吸引学生注意力，又能使教师在介绍中轻松自然。

2. 合理利用幻灯投影片，创建教学情境。上一些意境较深的文章时，教师放映幻灯投影并同时播放解说词、效果声及教师朗读，能使学生有闻其声、见其人、临其境的感觉，有助于培养感情、启迪思维、发展想象力，容易引起情感上的共鸣，加深对人物、情节、意境的领悟与理解。如《骆驼寻宝记》一文教学时，设计骆驼到达目的地的图景：骆驼置身一个美丽如画的山水图中，一个美丽的仙女挽一篮子宝贝正对着骆驼对话的情景，使学生仿佛身临其境，然后有感情地朗读课文，较好地完成了该部分教学内容。

四、删繁就简，恰当利用听觉媒体

多媒体教学和光盘教学上手有一定难度，而且比较繁琐。所以我们应该根据教学内容和学生需要，选择最合适的现代教育手段。录音机是最容易使用的。有时我们不妨删繁就简，回归本位，恰当运用录音机辅助教学，以此烘托气氛，创建情境，也能创造意想不到的教学效果。

1. 利用语音机范读，使学生体会其语言美。对一些优美的散文、古诗词、文言文，教师都可运用录音机朗读教学。好的语音带可以为学生提供生动的语言和优美的情境，可使学生不由自主地融入文章内容中去；同时，语音朗读可帮助学生学习朗读方法，提高普通话水平，从而全面提高学生的朗读能力；再者，较好的朗读能吸引学生注意力，把学生带到课文情境中感悟、欣赏，从而使学生更好地熟悉课文，体会文中的思想感情。当然，利用录音带范读并非只限使用原版带，教师也可自己事先录音，也可安排朗读能力强的学生朗读录音，多种方法相结合，这样的教学丰富多彩，不拘一格，定能激发学生的学习兴趣。

2. 模拟音响，用录音机录下实际声音及模拟声，帮助学生获得真切感。如《山中避雨》一文里大量提到拉胡琴，因此，教师可预先录制好胡琴的声音，使学生有身临其境之感。学习《白毛女》《打鱼杀家》，可录下其唱腔，供学生欣赏，了解其特点。在教《口技》一文中，我虽未能录出课文中所描写的声音，却录了一些口技演员表演的其他声音，这样也大大激发了学生的学习兴趣，了解了口技的特点，从而能够专注学习。其他的风声、雨声、雷声、海潮声等都可以录音结合故事情节教学，这样一定会取到意想不到的效果。

把现有媒体资源广泛运用于语文教学，能使教学过程变得更加生动具体、直观而富有情趣，但在具体运用过程中，我们一定要正确操作，以免影响教学效果，同时要处理好教学环节，避免喧宾夺主，违背教学规律。把现代教育技术运用到语文教学中，是我们每个语文教师面临的挑战，也是我们要肩负的重任。农村学校虽然相对落后，但教师们切不可作壁上观，而应当充分利用学校现有资源，大胆创新，努力学习，以培养学生的良好素质为己任，为农村语文教学开创美好的未来。

智慧铸师魂

初中语文课堂教学之我见

"向45分钟课堂教学要效率"已成为当前课堂教学的目标和方向,只有课堂教学质量提高了,才能实现教学质量的全面提高。初中语文教学有其自身的特点,如何才能实现在有限的时间(45分钟)和有限的空间(教室里)高效率高质量的课堂教学,我谈谈粗浅的认识。

一、狠抓学生预习,强化训练

上新课前,教师应布置或要求学生预习,学生按要求认真预习后才开始讲授新课,这样可以节省大量课堂时间,增加课堂教学容量,扩大学生获取知识的总量。课前预习,一是要提出明确要求,如:在阅读时圈点生字词,画出重点语句,最好能做点批注,概括文章内容,体会文章所表达的观点和作者的感情,然后尝试解答课后练习题,提出疑难问题等等。课前预习经常化,一课一预,最好能以作业形式布置。二是要督促检查,学生是否按要求真的预习了?预习得怎么样?要有布置,有检查,绝不能流于形式。

美国一项研究表明,习惯的养成需要时间的堆垒。有"333"法则,即"强化习惯关键在头三天,形成习惯需要三周,稳定习惯需要三个月"。因此，要使学生预习成为学习习惯，这就必须强化训练。强化训练必须在老师强迫下完成一定时间，师生之间互相督促，这样才能取得一定的实效。

二、营造"动"态课堂，师生互动，生生互动

教师的"动"，体现在课堂教学情境的设置，教学手段的选择和运用，教学内容及进程的控制，教学重点、难点的点拨，课堂教学气氛的激发与调控。

学生的"动"，体现在围绕课堂教学目标、要求、内容的动脑、动口、动手，能积极思考，踊跃发言。

"动态课堂"，改变过去的"满堂灌""一言堂"的弊端，学生在"动"的过程中，释放学习热情，表现学习欲望，师生的互动，活跃了课堂气氛。学生在课堂提出疑问或在回答有关问题时，答案正确与否，教师不急于说出答案，而让更多的同学发表意见，进行讨论，参与评判，得出结论。这种互动热情高，说明学生参与学习的积极性高，说明学生思考问题、解决问题的能力强。

三、落实课堂教学目标，提高课堂有效性

教学的有效性，是要明白语文课堂究竟要学生学什么，如何落实教学目标，学生是否有收获，遇到教与学，是否达到目的。

在教学《杜甫诗三首》之一《望岳》时，这是篇要背诵并默写的名篇，有重点词句分析，明确课堂教学目标后，我设计了以下几个课堂环节：①快速朗读整首诗，找出运用了修辞手法的句子，明确修辞格；②能不看书，用背诵的方式回答吗？③抢答：A 总括泰山全貌，突出其雄伟高大的山势的句子是什么？B 描写泰山神奇秀丽的景色和高大形象的句子是什么？C 表现诗人欣赏泰山而入迷的句子是什么？D 表现诗人不怕困难、敢于攀登，俯视一切的雄心气概的句子是什么？这样训练了学生的朗读背诵，训练了学生的思维，拓展补充了知识，节约了学习时间，可谓一举多得，课堂时效性自然体现出来了。

四、布置课堂练习，及时巩固

在课堂最后五分钟，应围绕当堂课的内容精心设计课堂练习。课堂练习兼顾不同学习层面学生，考虑难度，学生先思考，教师后补充完成，把课堂内容再归纳一次，组织学生训练一次，加深印象，巩固当堂课知识。

重视心理健康教育，构建绿色语文课堂

语文学科《课程标准》明确提出"知识与能力，态度与方法，情感、态度与价值观"的课程目标与要求，强调对学生能力的培养与人格的养成。心理学研究证明，参与教学活动的心理分两大类：一类属于认知因素（感知、记忆），一类属于情感心理因素（兴趣、意志、性格）。两类因素分别构成"感知—思维—知识智慧"的认识过程和"感受—情感—意志性格"的情绪过程。这两个过程和谐统一，相互作用，影响着教学的效果，而培养学生健康的心理和良好的品格，使学生更全面、主动、和谐地健康成长，是每一位教育工作者义不容辞的责任。作为一名语文教师，在充分尊重学生身心发展规律和语文学科性质的前提下，如果能在教学中适当地运用心理健康教育理论对学生进行心理健康教育与辅导，就可以更好地塑造学生健全的心理与人格，激发学生的潜能，进一步提高学生的创新能力和语文素养。这就要求语文教师要重视心理健康教育，构建绿色的语文课堂。

一、构建绿色的语文课堂要建立民主和谐的师生关系，育人氛围很和谐

为育人营造有利于学生身心健康发展的气氛。处于青春期少

年的心理特点是表现出成人感———认为自己已经成熟,长成大人了,具有强烈的独立意识。因而在一些行为活动、思维认识、社会交往等方面,表现出"成人"的样式,在心理上,渴望别人把他们看作大人,尊重他、理解他。但由于年龄不够,社会经验和生活经验及知识的局限性,在思想和行为上往往盲目性较大,易做傻事、蠢事,带有明显的小孩子气、幼稚性。这就表明在校青少年学生的心理状态还不成熟,他们身心发展急剧,情绪波动大,遇到问题容易产生挫折感,他们的心理问题具体表现在学习、人际交往、性格、自我认知等方面。这就要求教师树立正确的师生观,热爱学生,尊重学生,平等对待学生,需要教师做他们的知心人,耐心地倾听他们的倾诉,与他们平等交流,指导他们的行动,帮助他们解决困难,减轻压力。在课堂上营造民主和谐的教学气氛,在生活中以朋友的身份与学生相处,消除师生之间的隔阂,打消学生的顾虑,做学生的良师益友。心理学家罗杰斯曾经指出:"创造良好的教学气氛,是保证有效进行教学的主要条件,而这种良好的教学气氛的创设又是以建立良好的人际关系为基础或前提的。"这样学生就会大胆发表自己的见解,有什么说什么,想什么说什么,生活中遇到问题也乐于寻求教师的帮助与指导。教师在这过程中就能更好地把握学生的思想动向与心理,及时给予引导教育,工作效果自然更好更明显了。所以,营造一个积极、互相信任、和谐的育人环境,能够为塑造学生健康人格,树立正确的人生观价值观奠定基础。

二、构建绿色的语文课堂要深入研究教材,师生和教材相互对话,达到润物细无声境界

找准切入点对学生进行心理健康教育语文课程本身就蕴含着

丰富的社会认知和鲜明的人文精神，在语文教学中，教师要以教材为载体，立足于教材，构建教学的平台，对学生进行心理健康教育。现行的语文教材中，有反映自然、社会、艺术、科学之美的篇章，众多的人物形象和故事情节，有许多心理教育材料，或显性或隐性地都渗透着对学生行为规范、思想感情、人格要求的教育，教师要深入钻研教材，善于发掘这一资源，领会课文的思想内容，有意识地把心理健康教育渗透在语文教学过程中。

在讲读课文的时候，引导学生通过品读、思考、讨论等多种形式去深入领会课文的典型人物和思想意义，引起学生的共鸣，从而培养学生良好的情感、意志、个性品质。例如：莫泊桑的《项链》主人公玛蒂尔德身上存在的人性弱点与人格缺陷，我们先通过对故事情节与人物的分析评价，然后组织学生展开深入讨论。经过讨论交流，学生认识到主人公的悲剧是由于虚荣心和追求享乐所致，然而，为了偿还债务，玛蒂尔德经历了十年的艰辛，在厄运面前她表现出的勤劳坚强、勇敢果断又值得赞美。之后再要求学生结合自己谈谈感受，取长补短。这样下来不仅让学生掌握了小说的思想内涵，而且还使他们受到了一次深刻的人格教育。又如，苏轼的《前赤壁赋》，文章通过描写作者与朋友在秋夜泛舟江上，观赏江景月色，饮酒诵诗，谈论人生哲理，表达了苏轼在人生的失意与挫折面前旷达的胸怀。结合对苏轼的人生经历的讲述，引导学生认识人生的路上会有许多意想不到的挫折，应该沉着面对，处变不惊，从而培养学生正确面对挫折的思想。

通过介绍作家、作品的写作背景，树立榜样。语文教材有很多名家名篇，这些名家的人格为后世所景仰。在教学中介绍一些作者时，可以针对学生实际，有重点地介绍这些作家的人生经历、情感历程以及作者的写作背景等方面的知识，使学生更全面、立体地领悟作者的写作意图、作品的思想意义，从中得到启发，受到教育。如蒲松龄面对落第却发愤创作；曹雪芹处境艰难仍不辍笔耕；鲁迅弃医从文，面对反对政府的迫害毫不畏惧，用笔和文字作武器与敌人作斗争；史铁生双腿残疾却顽强求索……这些都是对学生教育的生动材料，让学生从中悟出生活的哲理，受到感染，从而内化为一种人格品质。

教师在认真研究教材的同时，要充分发挥语言的魅力。用饱含感情的话语、抑扬顿挫的语调，运用生动的比喻、有趣的事例，创造别开生面的课堂情境，激发学生的学习兴趣，提高学生学习的自觉性和持久性。在新课开始时设计别具一格的导语，对活跃课堂气氛、激发学生学习兴趣和思维乃至提高课堂效率都有十分重要的作用。注意课堂提问的难易程度和方式，激发学生独立思考的兴趣。加强对学生学习过程和学习结果的合理评价，激发学生学习的成就感。教学过程中，可以通过满怀激情的朗读，调动学生的情感和思想，例如学习毛泽东同志的《沁园春·雪》，通过满怀激情的朗读，诗中壮丽的图景和豪迈的情怀很快就把学生深深地吸引，把学生带入了诗中的境界。

三、构建绿色的语文课堂要采取灵活多样的教学形式，过程吸引人，结果很精彩

在教学活动中渗透心理健康教育这个时期的学生喜欢探索新的东西，希望尝试新的体验，求知欲旺盛，但是他们不喜欢按部就班式的教学。因此，在教学中教师可以根据教学内容的特点，通过灵活多样的教学形式，重视教育技术手段的更新，敏锐地把握心理教育契机，感染学生，影响和暗示学生，让心理健康教育落到实处。教材中安排了不少诸如口语交际、辩论、演讲等活动内容，学生在参与实践的活动中，可以表达自己的思想，展现自己的才能，其中或品尝成功、分享喜悦，或经历挫折、体验失败，学生的心理状态随着活动的过程、参与程度和结果呈发展变化，有所体验和感悟。

例如课前三分钟演讲。演讲能倾诉情感、展示才识。语文课前，让学生轮流上讲台作三分钟的演讲。

可分别以"理解、尊重、宽容、挫折、乐观、竞争、自信、自卑、嫉妒"等话题，组织学生展开演讲，学生们或进行道理阐述，或运用正反事例进行论证。这样，一方面训练了学生的心理素质，另一方面，对其良好品质的形成起到了很好的促进作用。再如多媒体教学，多媒体教学可以提高课堂教学中知识传授和反馈的效率，大大增加课堂教学中师生交流的机会，优化教学过程，让学生的各种感知器官共同感受，加深印象。它涉及的内容可以是朗诵、影视欣赏、作文互动等。多媒体电脑教学的运用变被动学习为主动学习，使教学形式更加活泼，教学手段更加多样。真正实现个别化教学，为学生喜闻乐见。

由于学生对社会变化的困惑、人际关系的焦虑、个体成长的烦恼，因而有很多心理郁结。这时，学生就有了倾诉与宣泄感情的需要，写作是解决这个问题的好办法之一。作文心理学告诉我们：文章的成熟，首先是思想的成熟，然后才是语言的成熟。课堂上，通过把学生常想常关注的问题纳入作文教学，引导学生仔细观察，深入思考，一方面既可满足学生倾诉的需要，解决心结，另一方面又能帮助他们提高写作水平。如 2008 年 5 月 12 日汶川大地震发生后，在抗震救灾中涌现了许许多多感天动地的人和事。

通过写作，让学生去思考、去感受这些人和事，从中领会拼搏、抗争、关爱、感恩等众多元素对他们自身人格的启迪。因此，对人生和生命的意义有了更深入的认识，积郁的情感不仅得到了宣泄，世界观也得到了改造。

课外，还可以通过写日记或周记，让学生写下自己在生活中的所见所闻，谈谈自己对一些人和事真实的想法和真切的感受。在其中，学生拥有了倾诉的对象，减少了孤独与无助感，教师借此更进一步了解学生的思想动向，并通过笔谈来沟通学生与教师的心灵，更深入地对学生做有针对性的疏导与教育工作，这为心理健康教育提供了更为广阔的空间。

同时周记或日记具有自我认识、自我反思、自我督察、自我调控、自我激励的功能，有助于学生克服消极心理状态，完善自我人格，从而逐步形成健康的心理。魏书生老师在学生犯错的时候，不是对学生作简单的批评教育，而是让学生写日记，也叫"心理病例"，剖析自己的思想，寻找错误的根源，挖掘心灵中的美，用美去战胜错误。学生通过这些心灵对话，进行自我教育。

四、构建绿色的语文课堂要开展形式多样的课外活动，课堂时间有限，知识广度无涯

让学生在实践中锻炼成长。学校通过开展丰富的课外活动，让学生在活动中了解社会，并学习运用所学知识去解决一些实际问题，有助于形成稳定的行为习惯和良好的心理素质，是心理健康教育的一个手段。如组织学生出黑板报、自编手抄报、书法比赛、记者采访等语文活动，促使学生关注当今社会现实，感受时代气息，了解社会最新的科技信息，从而培养学生认识问题、分析问题、解决问题的能力，丰富学生的思想感情。在活动中引入竞争机制，凸显学生的自我意识，展示他们的自我价值，诱发他们的心理潜能。也可以组织学生自编自导自演，创作小品、相声、舞蹈、课本剧等，使他们的审美创造力得到最大程度的发挥。事实表明，这些活动不但能促使学生学习语文的热情高涨，满足学生强烈的表现欲，而且能有效提高他们的综合心理素质。

课本的知识是有限的。教师可以针对学生的年龄特征、兴趣爱好、思想实际列出书目，向学生推荐文质兼美的课外读物，积极开展内容丰富、形式多样的语文课外阅读，这不仅有利于发展学生的意志性格特征，还有助于培养学生高尚的道德情操。歌德说过："读一本好书，就是在和高尚的人谈话。"在班级中，可订阅《读者》《青年文摘》《微型小说选刊》《散文选刊》等杂志，让学生感受当代较为出色的作品；在寒假和暑假，向学生开具"推荐书目"，引导学生去读古今中外的优秀文学作品，要求学生写出读书笔记，从中汲取精神力量，激发阅读兴趣。在指导课外阅读时，教师还可以教给学生读书的方法，引导他们展开讨论、交流阅读感受。这样，学生在课外阅读中就能收到实效，学会自己教育自己，逐步完善自身的人格。

心理学上有一条"就近吸引"原则，是说人们容易对身边事情感兴趣。语文来源于生活，生活依仗语文为信息传递工具。有生活就有语文，两者密不可分。因此，我们充分发掘现实生活中的语文课程资源，让学生把语文学习的触角从校园延伸到社会。

我要求学生每天收看电视新闻、阅读报纸，关心时事。还让学生人手准备一本"信息录入簿"，收集网络、书刊上查阅到的资料、信息，记录生活中听到的市井俚语，积累课内外书刊上见到的好词佳句，定期打印出学生的摘录，供大家欣赏、借鉴，让大家体会到从生活中学语文的乐趣。同时，也让语文用于生活实践，创设条件让学生了解社会、感悟生活。通过各种渠道，学生在生活实践中获得了经验、丰富了积累。

总之，在构建绿色的语文课堂中渗透心理健康教育，不仅是教育者对受教育者实施教育的过程，也是受教育者自我教育的过程。我们在语文课堂教学中要优化教学环境，精心设计教学过程，有机地渗透心理教育，全面提高学生素质，那样我们语文课程的作用与效果就会得到进一步的提升。

初中语文课堂教学中赏识教育的运用

《初中语文课程标准》中明确指出:"评价不仅要关注学生语文学习的水平,更要关注他们在语文活动中所表现出来的情感与态度。"那么,如何才能对学生作出正确的合理的评价呢?我认为在实际的教学中应突出赏识教育的作用,学会赏识自己的学生,对学生寄予很高的期望,树立学生学习初中语文的信心,激发学生学习初中语文的兴趣,克服学习初中语文过程中的困难,让学生感到尊重的快乐,达到培养学生优良的语文素养的目的。因此,赏识教育在初中语文教学中是非常重要的。

一、什么是赏识教育

顾名思义,赏识包含两个方面:赏和识。"赏"就是欣赏、赞赏,"识"就是识别、认识。赏识教育就是在教育的过程中从欣赏和赞赏的角度认识学生,尊重学生,肯定学生,包容学生。既承认学生个体之间存在的差异,又能从不同的角度发现学生身上存在的闪光点,并加以肯定和赞赏。

二、如何在初中语文课堂教学中运用赏识教育

(一)赏识教育的实施要求师生之间保持良好的情感,从而提高学生的学习兴趣

教师要培养学生自强自信的良好心态,使他们赶走内心的自

卑，带着自信来学初中语文。教师应以赏识之心，来鼓励学生学好初中语文。我们根据实际教学的需要，设计出相应的情境来提高学生的注意力，让学生感觉这节课很有趣，这样学生就会主动地参与到课堂教学中来，再结合艺术性的教学语言，这样的课堂氛围就变得活跃起来，达到良好的教学效果。还可以让他们感受到初中语文与生活紧密相连，使其积极地参与进来。

(二) 赏识教育的实施要求教师及时了解学生的心理变化，准确把握学生的动态

初中语文的学习很容易造成学生心理的变化。要想更好地实施赏识教育，就要求教师能够积极地到学生中去，及时了解学生的心理变化，发现学生存在的问题，并且进行疏导。如果发现学生身上的亮点，就给予肯定和赞赏。更深一步，要求教师对学生的了解要保持连贯性，发现学生的每一个微小的进步。这对于一些学习习惯和学习成绩较差的学生就更加重要了。因为这部分学生尤其需要教师的关心和帮助，更需要教师在教育实践中使用赏识教育。但是这个过程可能比较困难。一是这部分学生的亮点较少，难以发现；二是这部分学生的改变难以保持较长时间，往往是屡教不改，使得教师充满挫败感。这就要求教师要保持耐心、细心、爱心。

(三) 赏识教育的实施需要家长的密切配合，保持家校教育的一致性

首先，教师应该指导家长该如何通过学生的语言来了解学生。语言是思想心灵的折光，学生说话的内容是否积极健康，语言是否文明、得体、恰如其分，家长可以从中窥得一二。其次，提醒家长认真检查学生的学习情况。家长可以通过看学生是否记了课

堂笔记，了解学生上课是否专心听讲，是否会学习；看学生的作业是否清洁，字迹是否工整，来判断学生学习态度是否端正；看作业的对与错情况，来知晓学生掌握新知识的情况。教师可以找适当的时间和家长进行沟通，为家长提供可行的建议。

（四）赏识教育的实施需要一定的艺术性，应把握好时机和环境

这个艺术性主要表现在两方面：语言的艺术性和行动的艺术性。首先在语言上要有艺术性。比如，当学生在初中语文学习中取得优异的成绩时，他肯定会非常高兴和激动。这时教师应该多用表扬的语言，如"很好""不错"等，可以达到很好的效果。其次在行动上要艺术性。如果只是通过语言来表达对学生的赏识是不够的，行动更具有说服力和影响力。在初中语文课堂上学生一定会遇到很多的困难，这时教师给学生一个眼神，一个微笑，一次安抚等，都能表达教师对学生的赏识，使学生更能真实地感受到教师的鼓励，达到更好的效果。

总之，在教育改革如火如荼进行的背景下，在初中语文课堂教学中合理地运用赏识教育，不仅可以激发学生学习初中语文的积极性，树立学好初中语文的信心，而且可以培养学生优良的初中语文素养，锻造坚强的心理素质，为以后更好地服务社会打下坚实的基础。

从学生的角度点击语文教学

刚上完《从百草园到三味书屋》，按照备课设计征求学生对语文教学的意见，意想不到的是学生的回答令我目瞪口呆。

有学生嚷："假如您是优等生，假如您是学困生，您会怎样要求老师讲课？"

这问题我从来没有想过。说老实话，准备上课时我的确考虑了不同层次的学生，但都是从老师的角度设想的，换句话说，我总是着眼于如何传授知识，至于学生用什么样的方法才能学好语文，似乎没有花多少精力去思考。

时针已走出零界线，睡意依旧全无。我不断地审视十多年的教学实践，经验告诉我，既然自己的教学出现了偏差，那就有必要进行验证和修正，其最行之有效的办法便是实现角色的转换，将自己当成地地道道的学生。

不容置疑，作为"学生"的我，总想通过自己收集的事实依据和应用所学过的知识来接受新知识，总想运用自己所掌握的知识来验证或批判、修正已有知识，总想用自己独特的方式来组织所学的知识……诸如此类的"总想"令我柳暗花明，令我豁然开朗。

作为"学生",将通过什么方式进行学习呢?说实在话,我讨厌死记硬背,讨厌囫囵吞枣。因为那种学习方式往往令我头脑涨痛,往往让我厌学,往往让我对学习感到困难。在学习的过程中,我最喜欢的是通过感性知识与理性知识、实践知识与书本知识以及各学科间的有机结合,运用自己独特的认知方式和心理过程去了解、接受、理解、记忆和应用语文课本所规定的内容,为此,我希望自己的语文老师引导我、鼓励我、帮助我更好、更快、更多地掌握基本的和基础的知识与技能,促使我将感性知识与理性知识、实践知识与书本知识、各学科知识以及知识结构与技能有机结合,建立反映自己特点和有利于发展的知识结构与技能结构,此为其一。其二,希望我的语文老师在教学活动中,既提高我对学习语文的直接兴趣,又提高我对学习语文的间接兴趣,引导我在分析、比较和掌握正确的价值规范中,构建自身内在的价值标准,指导我初步形成自主性的自学能力、社会交往能力,为发展创新打下良好坚实的基础。

学生是最灵动的,走进学生的世界,思维更加活跃,思路更加广阔。很快地,我成了学生的知心朋友,乐于倾听学生的心声,乐于收集学生合理化的建议,进而将学生的智慧与自己的教学融为一体,具体表现在以下三个方面:

一、加强和改进教学过程的预习环节

摒弃传统的课文预习方法,增加灵活多样的预习方式,主要是"背景式预习"——指导学生收集新授课内容的背景材料;"难点式学习"——指导学生将新授课内容中的难点或不理解之处列出;"尝试解答式练习"——鼓励学生在预习中尝试解答新授课内容中提出的问题。

一般地说，学生拥有的资料异常丰富，不少学生还买了多种版本的教案教参，让他们联系已学的历史知识，有助于对时代背景的理解，同时也能扩大学生的视野，丰富学生的知识。正因为学生资料多，那就为学生收集与新知识相关的内容提供了可靠的保证。笔者曾针对《我的老师》进行了布置，于是乎，《老师》《难忘恩师》……一下子搜觅了五十来篇老师生活题材的作品，有散文，也有小小说，无论写法上，还是表达形式上，都与《我的老师》极其相似。我不失时机地引导学生进行交流，学生的阅读量也得到了应有的保证，这种预习方法成为提高学生阅读能力和写作水平的重要途径之一。学生在上课前通过学习，能够找出新授课文的难点或不理解之处，能培养学生质疑的良好习惯，同时也有利于老师在课堂上有的放矢地解答学生的疑难问题，尽可能少地因重复讲解而浪费宝贵的时间。当然，学生的求知欲极强，也有获取解答题目快感的强烈欲望，鼓励学生在预习的过程中尝试解答新授内容提出的问题，可以让学生收获循序渐进的喜悦，也可以增强学生的自信心。

二、改进课堂教学

实行"精讲多议"的模式，引导和鼓励学生进行讨论："主题式讨论"——教师提出讨论的主题，鼓励学生结合"背景式预习"和"相关式练习"阐述自己的观点；"归纳式讨论"——引导学生自己对已授课的内容进行归纳和概括；"质疑式讨论"——鼓励学生对所学的新内容提出疑问并陈述自己的观点。

精讲多议，并不是少讲或不讲，而是要求教师在教学过程中精益求精，尽可能艺术地辅导学生，让学生充分发挥主观能动性，真正成为教学的主体，真正在议中增长知识增长才干。在这一环节中，设计主题和质疑是关键。好的主题，就像看山清水秀的风景，有感而发，直抒胸臆，无论是归纳还是质疑，老师的角色是导演，戏要让学生唱，要允许学生保留不同的意见，允许学生争得面红耳赤。只有这样，学生才会在津津有味的参与中不断地走向成熟。

三、改进课后作业环节

（一）拓展课后作业的类型（除"复习式作业"外，增加"预习式作业""自学式作业""析疑式作业"）

（二）增加课后作业的层次

1. 设计难度水平不同的作业，允许并鼓励学生根据自己的特点进行选择。

2. 针对不同学习能力的学生，布置不同要求的作业。对学习能力暂时较低的学生，布置符合基本要求的作业；对学习能力暂时较高的学生，布置较高要求的作业。

3. 丰富完成课后作业的手段，除书写式、听力式、朗读式作业外，增加"观察式作业""调查式作业"。

4. 改进作业内容。除"重复练习式作业"外，适当布置"归纳、概括式作业""改写式作业""续写式作业"。

5. 改进作业方式。除"个人独立式作业"的方式外，适当组织"小组式作业""自由组合式作业"。

作业形式的多种多样，作业选择的充分民主，课堂内外的丰富多彩，无论是哪个层次的学生，无论是哪一个课堂，学生都能够自主地学习，都会学有所获，都会学有所成，而这种"获"这种"成"，既看得见，也摸得着，既能体验自己的能力，也能感受集体的力量。这样的练习，既能增强学生的解题能力，也能增强学生的社会交往能力，同时更能形成班、组集体的凝聚力，何乐而不为呢？

　　课堂教学的改进，立足于学生的学法，无论哪个层次的学生都易学、能学、爱学、乐学，从而大大激发了学生学习语文的兴趣，其积极性、主动性空前高涨，教学效果也显著提高。

中学生离校出走的原因及对策分析

苏联著名教育学家苏霍姆林斯基曾经把青少年的教育比作一块大理石，他说要把这块大理石塑造成一座塑像需要六位雕塑家：一是家庭，二是学校，三是儿童所在的集体，四是儿童本人，五是书籍，六是偶然出现的因素。

近年来，中学生离校出走的人数呈上升的态势，有的甚至引发严重后果。这不仅使出走学生本人身心受到创伤，而且也给家长和学校增添许多麻烦，甚至给社会的稳定与和谐带来诸多不稳定因素。面对诸类事件，与其更多地揭露和批评孩子本人及其极端行为本身的道德问题，过多地渲染其父母所承受的悲伤和痛苦，不如冷静思考一下我们的教育。青少年的教育是一个复杂而系统的工程，完整意义上的教育应该由家庭、学校和社会三部分共同组成。而现实中教育的弱点和弊端是暴露无遗的。

那么，中学生离校出走的原因是什么呢？

一、中学生离校出走的原因分析

中学生离校出走事件的发生，既有社会、家庭、学校等外部影响，又有学生自身的心理缺损、个性偏执、人格障碍等内部原因。

家庭因素。现在的孩子以独生子女为多，家长们的溺爱极易使孩子们形成自私自负的性格，产生"皇帝、公主"般的唯我独尊的畸形心理，尤其缺少必要的挫折教育，独立性不强，一旦遇上挫折和失败，他们就心理失衡，行为偏激；另外，目前不少父母忙于工作，对孩子都是隔代教育（爷爷奶奶或外公外婆教育），有的送进了学生服务中心托管，父母对孩子的关怀局限于饮食起居，习惯用物质的给予来弥补，这样，父母与子女的鸿沟出现了；再者，父母教育方法简单粗暴，蛮横武断，语言尖刻，经常打骂体罚孩子，缺少家庭温暖使孩子成为"惊弓之鸟"。有些家长望子成龙心切，过分关注孩子的学业成绩，而缺乏跟孩子心理上的沟通及人格上的起码尊重。这种不当的教育方法导致了父母同孩子的疏远、亲情上的隔离。只要孩子考试优秀，要什么给什么，考试成绩不理想，就不分青红皂白地打两耳光。当然，更严重的有由于父母离异等原因而出现许多的单亲家庭和孤儿，还有外出打工家庭的留守子女，他们由于得不到父母的关爱，不能像其他学生一样享受家庭的温暖。当他们出现心理问题和心理障碍时而得不到父母的及时教育与疏导而离校出走。

学校因素。政策导向不健康，重智育轻德育，片面强调学生的学习成绩，忽视学生学习、成长过程的心理健康，在"名师、名校"背景下，升学率成了考量学校和教师的硬指标，按学业成绩分班，考试排名次，加班加点，搞题海战术，用难题、偏题、怪题等训练学生，其结果是直接挫伤了学生的学习积极性，使他们缺乏信心，自暴自弃。另外，部分教师教育方法措施失当，如在不恰当的时间、地点惩罚学生，伤害学生的自尊心；处事不公，对待"问题学生"缺乏爱心，甚至讽刺挖苦、变相体罚等，或者把学生赶出教室、停课检查，甚至打骂学生，借助家长的威力来威胁学生，强制转学或退学，也极易引发学生离校出走。

社会原因。诱因增多，由于手机、网络化的普及，学生上网聊天频繁，对网络等新生事物的兴起使少数自控能力较差的学生迷失了自己，一些学生痴迷于游戏，痴迷于上网，以致荒废了学习。一旦他们的欲望得不到满足，便不辞而别，寻求更加自由的空间。一些学生易受不良人员引诱外出，不法分子以"找工作，交网友"为名，唆使学生离校出走，造成严重后果。

个人原因。中学生正处在青春期，是世界观形成的重要时期。这时各种不健康的东西最容易感染学生，毒害他们的灵魂。一部分学生盲目崇拜江湖义气，宁可不服从父母和老师，也不愿违背伙伴的意志。有的学生本人不想出走，可是好朋友犯错误要出走，为了表示够朋友、讲义气，也就陪着走一遭。有的中学生由于受某些电影电视和武侠小说的影响，一心想学武练功什么的。有的学生受到黄色书刊的毒害而身陷情网，花前月下，卿卿我我。一旦受到家长的干预，他们便会丧失理智，离家出走。有的甚至相互搭桥，介绍异性朋友，时而争风吃醋，时而纠集斗殴。还有的中学生有盲目的英雄主义心理，崇拜中途退学的比尔·盖茨、白手起家的香港首富李嘉诚，这部分学生对学习读书没有兴趣，一心想离校闯天下，挣大钱。

针对这些原因，应该采取什么对策呢？

二、中学生离校出走的对策

离家出走的中学生与在校生总数比并不算多，但影响极坏，一旦发生出走事件，就会家庭慌乱，学校紧张，社会不安。如何预防学生出走事件的发生，做好学生的思想教育、心理辅导工作是最重要的。建议做好以下五方面工作：

对策一：转观念，加强德育教育。

学校要全面贯彻党的教育方针，引导学生参加社会实践活动，在社会实践中认识自身价值，把自身置于群体之中。要让每个学生都有明确的生活目的，有远大的理想，打开学生心灵的窗户，注意发现学生思想上的闪光点。开展喜闻乐见的活动，丰富学习生活，陶冶情操，开阔视野，使每个学生都有自己的爱好和兴趣，每个学生在学校都有展示自己才能的平台，使他们对学校感到可爱可亲，产生较强的向心力和凝聚力，使学生不愿意离开学校这个集体。对于学生出走问题，固然应以预防为主，但对已经出走的学生，亡羊补牢也为时不晚，应该把预防和疏导结合起来。对出走返校的学生，应加倍关心和爱护，创造宽松和谐的环境，做好疏导工作。欢迎他们重新回到集体怀抱，找到自己的位置。中学生心理问题主要表现在心理承受能力弱、自私狭隘虚荣心强、缺少意志毅力、情绪易波动、自控力差。学校政教处可以开辟学生心理咨询室，解决学生心理问题。每个教师都应转变观念，建立良好的师生关系，了解学生、尊重学生、主动帮助学生排忧解难，真正做学生的良师益友和心理医生。

对策二：大家访，督促家长转变家教观念。

父母是子女的第一任老师，而且是最长久的老师。学校要承担起指导家长们的义务，要组织教师有计划地大家访。老师应该让每位家长都学会科学地教育子女的方法，走出家庭教育的误区；要指导家长关心子女的内心世界，为他们创设一个和谐愉快的生活学习环境；要指导家长树立正确的成才观，子女有健康的身体，有健康的思想，有健康的行为，成功上大学只是其中的一条成才路。

同时，在大家访时还要注意不要告状，家访的目的有两个，一是了解学生家庭情况，二是解决学生的困难和问题，应该让家长关心孩子，对孩子进行正确的引导，不能施行"打骂"教育。

对策三：激发学习兴趣，提高学习成绩。

离校出走学生的智商并不低，但他们学习上有困难，对学习没有兴趣，不仅基础差，没有良好的学习习惯和正确的学习方法，而且缺乏刻苦学习的精神，普遍厌学。中学本身课程设置多，课业负担重。在多重压力下，这类学生认为，在学校听不懂，要挨批难受，不如离开学校到外面玩两天再回来，顶多挨一次训。他们用离校出走来逃避学习。

学校对"学习困难的学生"要高度重视，建议学校每个年级要成立学困生脱困指导组，专门负责落实学困生名单，了解学困原因，并寻求解决办法。教师从实际出发，耐心教育，使他们确立正确的学习动机，养成好的学习习惯，加强对他们学习方法的指导和培养，激发他们的学习兴趣，使他们由厌学变为乐学；还要从学生的实际情况出发，区别对待，因材施教，分层教学，帮助学生补齐知识的欠缺，逐步提高他们的成绩，树立起学好功课的信心。积极进行个别辅导，做到因材施教，把对他们非智力因素的开发作为重点，兼顾智力因素的发展，扎扎实实地促进他们学习成绩的提高。

对策四：摸准思想动态，提高判断是非的能力。

要了解学生的心理状态，摸准学生的思想动态，设身处地为他们着想。对差生不要讽刺、挖苦，更不能体罚和变相体罚。一旦打骂了学生，学生就会怨恨老师，引起学生的反抗，出走就是反抗手段的一种。凡是要出走的学生，也都是几经思想斗争，总会有种种迹象，只要教师能经常深入学生，细心观察，可以发现预兆，经教育也是可以制止的。同时，要培养学生判断是非的能力，让他们正确理解老师和家长们的意图，明白老师和家长们对他们的期望，并运用正确的方法表达自己的意见，遇事冷静思考，不要意气用事。中学生正处在成长发育阶段，生理上、心理上都还不成熟，阅历不深，好奇心强，对事物缺乏评价判断能力，最容易受一些电影、电视和小说的影响，有的电影、电视、录像实际上对中学生的出走起教唆作用。老师可以结合时事（最好是学校发生的事件）及时进行讨论点评，总结是非利弊，潜移默化地教育熏陶，努力消除不良影响。班级可以充分利用主题班会和周会课时间，对学生进行"是非观"教育，提高学生明辨是非的能力，学会正确处理问题，预防离家出走的事情发生。

对策五：培养健康个性，开展赏识教育。

要学会理解，消除问题学生的顾虑。问题学生由于长期受到排斥与歧视，自尊心与自信心遭到伤害，总感觉低人一等，特别是和班级中的好学生在一起，往往会自惭形秽。他们想引起老师的注意，被老师重视，却总是适得其反，被认为是故意捣蛋，久而久之，心灰意冷、我行我素、自暴自弃。而过度自卑、自傲会使他们对老师抱戒备、对立的情绪，对集体疏远，怀疑老师的真诚爱护和关心。对于这样的学生，教师的理解显得非常重要。只有在理解的基础上产生的爱才可以融化他们心中的坚冰，消除他们内心的顾虑，才可以使浪子回头。如果老师能设身处地地为他们着想，多考虑他们的感受，让他们体验到老师对自己的一片爱心和殷切期望，他们就会"亲其师而信其道"。教师还要千方百计地让他们融于班集体这个温暖的大家庭中,使他们感受到集体的温暖,从而摒弃所有顾虑,努力学习。

要学会发现,挖掘问题学生的优点。在许多人心目中,学习成绩优秀的学生就是好学生,是老师的掌上明珠,而那些思想行为差或学习成绩差的学生就是坏学生,是反面教材,时常得不到老师的"爱",时常受到同学的冷落、讥笑。事实上,人无完人,任何人身上都有优点和缺点。只不过问题学生的缺点明显,而优点较难表现。苏联著名教育家马卡连科曾经说了这样一句话:"用放大镜看学生的优点,用缩小镜看学生的缺点。"我国著名文学家刘心武先生在他的一篇作品中有这样一句经典的话:"一个丑恶的罪犯也有他自己的心灵美!"这就要求老师有一双善于发现的"慧眼",善于观察问题学生的"闪光点",尤其是那些被大量消极因素掩盖的长处,要及时捕捉。"善用物者无弃物,善用人者无弃人"。教师发现了学生的闪光点后,还应千方百计让学生的闪光点有用武之地,使学生的自尊心与上进心得到强化,从而激起学习斗志,鼓足前进勇气。相信只要细心观察,最终会淘尽黄沙始得金。

要学会赞扬,树立问题学生的信心。老师的欣赏和赞美就像阳光,有了阳光的沐浴,学生才会成长得更快、更健康。著名思想家罗曼·罗兰曾说:"要散布阳光到别人心里,先得自己心里有阳光。"问题学生有比优秀生更强的自尊心,他们更渴望平等和成功,哪怕是表面看来满不在乎、玩世不恭的学生,都有一颗十分敏感脆弱的心。他们确实缺乏自信心,他们经历了太多失败,需要教师多准备一些让人受之无愧的"高帽子",帮助他们克服自卑心理,唤起自尊心,培植自信心,要让他们懂得"有志者,事竟成,破釜沉舟,百二秦关终属楚;苦心人,天不负,卧薪尝胆,三千越甲可吞吴"。老师还要努力创设条件,让他们体验成功的快乐,哪怕是学习上有小小的进步,思想上有小小的转变,也应该及时表扬,让他们享受进步的喜悦,从而扬起不断奋进的风帆。赏识教育是生命的教育,是爱的教育,是充满人情味、富有生命力的教育。人性中最本质的需求就是渴望得到赏识、尊重、理解和爱。就精神生命而言,每个孩子都是为得到赏识而来到人世间,赏识教育的特点是注重孩子的优点和长处,逐步形成燎原之势,让孩子在"我是好孩子"的心态中觉醒;而抱怨教育的特点是注重孩子的弱点和短处——小题大做、无限夸张,使孩子自暴自弃,在"我是坏孩子"的意念中沉沦。不是好孩子需要赏识,而是赏识使他们变得越来越好;不是坏孩子需要抱怨,而是抱怨使坏孩子越来越坏。好孩子身上有缺点,坏孩子身上有优点,区分好孩子、坏孩子的标准是什么呢?三言两语是说不清楚的,但有一点要记住:不要简单化、公式化。所以,教师一定要用心发现孩子身上的闪光点,每个孩子都是他自己,每个孩子都有可圈可点的优点。赏识教育是让老师和孩子觉醒,让孩子的生命状态得以舒展。每一位孩子觉醒的力量是排山倒海、势不可挡的。赏识教育是承认差异、允许失败的教育。赏识教育是让老师成为教育家、使孩子舒展心灵、发展潜能的教育。赏识教育是让老师和孩子生命和谐、成为朋友、共同成长的教育。赏识教育是让孩子天天快乐、老师日日赞叹的教育。

总之,离校出走的学生不是个别,全体教育工作者坚持"用爱写歌、用情育人"的原则,用感人的师爱去照亮学生的心,让他们早日解除心理负担,打消出走念头。

对教育"问题学生"的反思和对策

现在的中学生怎么了?这是不少教育工作者和关心教育的各级各类社会贤达思考的和探讨的问题。部分当代中学生缺乏诚信,说谎欺骗,思维观念变化巨大,叛逆,极度自尊,越来越难教,心理脆弱,动不动就是离家出走,甚至是自杀。这些"问题学生"与学校倡导的世界观、人生观、价值观渐行渐远。家长忧心忡忡,束手无策,有些学生步入社会后,造成严重恶劣影响,甚至拖垮整个家庭。这样的现状,究竟是谁之过?究竟该怎么办?

《中国教育改革和发展纲要》提出:"教育改革和发展的目的是提高民族素质,多出人才,出好人才。各级各类学校要认真贯彻'教育必须为社会主义现代化建设服务,必须与生产劳动相结合,培养德、智、体全面发展的建设者和接班人'的方针。"要强调两点:第一,学生必须是德、智、体等方面全面发展;第二,全体学生全面发展,而非部分。"问题学生"的存在,不仅仅是教学质量的问题,更关系到国家的长治久安,民族的振兴和发展的问题。建设和谐校园、和谐社会,就必须重视"问题学生"教育。

一、问题学生的主要表现：三大顽症

（一）缺乏"诚信"

违纪后撒谎编理由，模仿班主任签字批假条，考试违纪舞弊……可以想象，小问题就想方法设拒绝承认，一旦发生诸如打架、偷盗等的大问题更是誓将"抵赖"进行到底！

（二）极度"自尊""自卑"

对别人要求严，对自己要求松。出现问题，责任在对方。在接受教育时，讲话要极注意分寸，不能伤及"自尊"，愿听则听，不听还嫌啰唆。还有些学生就是极度"自卑"，总认为自己不如别人，生活在心理阴暗中，行尸走肉。

（三）"心理承受力"差

"心理承受力"差，遇事不冷静，经不起打击，心理极脆弱。具体表现为：养尊处优，不懂感恩；个性极强，不能受气；情绪偏激，易走极端；意志薄弱，不能"自律"。故意寻衅滋事，恶意顶撞教师，随意践踏父母心，反正怎么痛快就怎么来，全然不顾他人感受，只求自身的满足。

二、谁在影响我们的中学生：家庭、学校、社会

我想，作为一个教育工作者，首先应该认识谁在影响我们的学生。

先看家庭教育的影响。对于现在的父母，孩子就是家里的"宝贝"。特别是现在家庭条件较好的父母，对孩子的生活照顾是无微不至，宁愿自己受累，也不让孩子做一点儿力所能及的事；倾其所有，也要让孩子过得舒心一点儿；尽其所能，也要为孩子创造一个好一点儿的生活环境。在这种环境中，孩子不知自己该做什么，只知什么事父母都会为他考虑的，也都应该为他去做好。

久而久之，孩子就会变得骄蛮不讲理，稍不如意，就会怪罪父母，而父母往往还会去赔不是。孩子有错，父母稍有责备，孩子不仅不认错，反而还与父母怄气，怄气到最后，总是父母在无奈中顺从小孩儿的意愿。在这样一种溺爱环境中成长的孩子，肯定只会以自我为中心，不会站在他人的角度去思考问题。他以为一切本该如此，很难产生感恩之心与感激之情，也不会珍惜他所拥有的一切。他与父母的交往与沟通也会存在障碍，并且会迁移到与他人的交往中。从某种意义上讲，正是我们父母自己对子女的娇惯，或者不会对小孩说"不"，在潜移默化中培养了只有自我的孩子，养成了他们的骄横、霸道、任性，他们在任性中学会了撒谎、狡辩与对抗。

其次看学校教育。在质量排名和安全责任的重压之下，学校教育也在变得扭曲，重智育轻德育，忘记了学校教育的首要任务是教会学生做人的道理、规范处事的方法。这就导致了部分学生的厌学、逃学，导致了部分学生的逆反与厌恶，也磨掉了许多学生身上的灵气，甚至是人性。

再看社会环境。我们的孩子看到的只是到处充满着功利与浮躁，尔虞我诈。他们认为奋斗、努力、真诚是写文章才用的，是嘴巴吹出来的，要成功就要不择手段。一旦自己碰到困难和挫折，就怨天尤人，哀叹时运不济，甚至危害社会。

人之初，性本善。正是多方影响，教坏了部分无分辨力的孩子。

三、原因分析和反思

家庭是人生的第一课堂，父母是孩子的第一任老师，家庭教育所起到的影响与作用，是学校教育无法取代和弥补的。通常来说：单亲家庭的子女容易心理偏激，容易走极端。娇生惯生、养尊处优的家庭子女，容易造成"个性较强，心理脆弱，缺乏爱心"甚至于难以相处的性格，久而久之就会脱离集体。不少家长因为历史原因，教育管理子女知识匮乏，只知道赚钱养家，对子女要么是不管不问，要么是拳打脚踢。有些家长热衷于打牌玩乐，每次回家总是冷锅冷灶，满屋乌烟瘴气。这种不当的家庭教育，或多或少在大多数家庭存在着，无时无刻不在影响着孩子的身心成长。还有些家长，缺乏与学校的主动沟通，电话不打，家长会不来，通知书不签字，班主任不认识，任课教师不了解，学生是好是坏随他去，只要钱如数给，孩子不出大事就行。这种极不负责任的家庭教育，对学生心灵造成的伤害是学校教育无法弥补的，而最终影响到学生的健康成长。

学校是培养人的地方，而现在的学校是在"捆绑"中育人。"以成绩论成败""重智育忽视德育""稳定压倒一切"等是学校心照不宣的管理不二法则。搞活动，有安全隐患，古人尚且杞人忧天；搞德育活动，缺乏长效机制，费力不讨好；没有良好的教学质量，上级主管部门和家长都不认可。这样的教育，对学生缺乏必要的心理教育，缺少丰富多彩的活动，单调的"唯教学，唯成绩，唯分数"论，势必会造成成绩不好的学生备受冷落，心理失衡，以至于自暴自弃，最后彻底丧失信心。成绩好的学生，往往是"集万般宠爱于一身"，久而久之也会形成自以为是、高傲冷漠、缺乏爱心、不懂感恩的性格。而那些不上不下的学生，则甘愿位居人后，比上不足，比下有余，满足于现状，缺乏进取心和上进心，缺乏必要的动力与毅力。学生如此，教师也会如此，教育教学工作中的"教育对象，教育重点，教学内容，教学模式、教学方法",也都会围绕"应试教育"这个主旋律而发生根本性变化,教育对象上容易"重成绩好的学生而忽视绝大多数学生",教育重点上"重教学成绩而忽视德育教育",教学内容上"重知识传授而忽视成人教育",教学模式上"重急功近利而忽视循序渐进",教学方法上"重因循守旧而忽视开拓创新",培养出来的学生不是"高分低能",就是"低分低能",或是缺乏健全的人格,或是缺乏健康的心理,实乃教育之悲哀,令人痛心疾首。

至于社会氛围方面,社会媒体传播的不良思想,会对中学生人生观成长造成极大负面影响。时下号称"海洛因"的"网络游戏"宣扬的是血腥与暴力和色情,对学生具有极大的诱惑力,他们沉溺于网络中不能自拔,荒废学业,甚至于走上歧途。个别人上网成瘾,甚至于走上了"欺诈偷盗"的犯罪道路。教训是惨痛的,付出的代价也是沉重的。

四、对策建议

"沉舟侧畔千帆过,病树前头万木春",要解决问题学生存在的"三大顽症",还是要全方位、多渠道育人,才能解决问题。

1."落实职责"是构建社会、学校、家庭三位一体立体育人网络的前提。

这个对策是老调重提,提了多年,成效不佳,原因在于没有落实相关责任。学校是育人的主阵地,担负着日常育人职责,但不是全部责任。社会职责落实在于各级政府,要加大对教育发展环境优化,净化校园周边环境,在提高全民文明素质上下功夫,要多为教育"出计献策",为学校担当责任,而不是横加指责。要多优化"白土宽松"的教育环境,而不仅拘泥于物质支持和硬件完善,还要尽可能地全方位评价教育。要加大对家长的素质培训,让家长有"法"可教。要转变观念，家长是孩子终生的教师，对孩子的教育不是可有可无。要勇于承担在教育中出现的偏差，而不是一味地把责任推卸给学校和教师。只有家庭教育、学校教育、社会教育真正结合在一起，真正承担起责任，才能共同营造一个"健康、文明、和谐"的社会教育网络。

2."抓课改求实效"是凸显学校育人职能的关键。

抓课改求实效，就是要落实素质教育精神，从"减负""有效课堂教学"和"学生综合素质评价"三方面入手，要以培养健全人格学生为课改目标，教会孩子如何做人，培养孩子良好习惯，促进孩子身心健康发展。

"减负"包含减轻问题学生学习负担和心理负担，对问题学生学业上的要求要适当放低，对于他们的爱好和特长要激发兴趣，引导他们把精力投入进来，发展为"专才"；对问题学生的心理要减负，要疏导他们的心理压力，学会正确看待问题，辨别是非，培养积极乐观的生活态度。

"有效课堂教学"是学科老师要认真钻研教学方法，组织学生完成教学任务，尤其是要教给学生有效的学习方法，合作探究的态度，让"问题学生"学有所成，学得轻松。

"学生综合素质评价"是要求在评定学生综合素质时，考虑学生整体发展，引导学生的全面发展和专长发展。尤其在纪律、学习、品德、劳动等多方面表现出来的专才要充分肯定，如评选出"守纪标兵""学习积极分子""孝敬师长模范""漂亮宝贝"等，使问题学生的亮点得到认可。

总之，学校要不断加强对学生的竞争意识、忧患意识、生存意识和抗挫折教育，培养学生坚强的意志品质和较强的社会适应能力等。

3. "让每个人都有梦想"是解决心理问题的钥匙。

问题学生大都没有明确的理想,奥地利心理学家弗洛伊德说:"人是受愿望支配的低能弱智的动物!"因此,怎样唤醒问题学生的愿望,激发他们对梦想的追求,就成为教育工作者的最大责任。

要把学校变成一个为人播种希望的地方,播种一个让人心中永远留存有梦的地方,而学校的老师就是引导学生希望的人。学校的最高道德操守,就应该是成全人的幸福。学校要尽力创造条件,尽可能多地给人机会,让每个学生都拥有自己的舞台,发挥他们的智慧与才能去寻"梦"。虽然每个人心中的"梦",不一定都能实现,但人的心中有"梦"就是甜蜜的,有"梦"就是有希望,拥有希望的人才会拥有幸福与快乐。

浅谈现代信息技术在学校心理健康教育中的应用

进入 21 世纪以后,现代信息技术日益发展,并在学校教育教学工作中广泛应用。下面结合我校近年的实际工作情况,谈谈现代信息技术在学校心理健康教育中的应用。

2012 年 9 月,在湘粤边境的一个山头上,宜章县第四完全小学正式建成招生。2013 年 6 月,被"全国红军小学建设工程理事会办公室"批准挂牌为"宜章县承启红军小学",成为全国第 132 所红军小学。次年 4 月,更名为"宜章县承启红军学校",成为九年一贯制学校。2018 年底,更名为"宜章县湘南红军学校",现有一至九年级教学班共 126 个,学生 6025 人,教师 336 人。

建校十年来,虽然校名在变,但是不变的是学校的招生范围。据调查统计,本校生源主要来自五个方面:杨梅山矿区沉陷安置区子弟,莽山林场安置区子弟,附近乡镇子弟,外来务工人员子弟,寄居学生之家的其他乡镇留守儿童。由此可见,"宜章县湘南红军学校"必定是一所留守儿童众多的学校,留守儿童约占在校学生的四分之一。

父母常年在外打工,留在农村和年迈的祖辈一起生活或寄养在学生之家的留守儿童们，由于父母的养育监管缺位和隔代教育的弊端，一部分学生不仅在学业、品行方面存在不良状况，而且他们的心理发展也呈现偏态，存在各种显性或隐性心理问题。教师在教书育人的同时，还要忙着处理某些学生因心理状况不良而导致的各种后遗症。学生心理问题的事实存在，既影响着学生个体的正常发展，也增加了学校教育工作的压力。无论是从学生个体发展来看，还是从学校教育发展来看，积极开展心理健康教育，完善心理健康教育机制，是学校教育工作的迫切任务。

2015年12月8日，湘南红军学校心理咨询师——"心悦吧"正式挂牌成立，刘静——国家二级心理咨询师、儿童心理发展评估师、青少年儿童心理咨询师、一级教师，成为学校唯一的兼职心理辅导老师。学校心理健康教育范围广、基础薄、时间紧、任务重、师资弱，传统的教育教学模式和手段无法在短期内实现既定的心理健康教育目标，只有充分借助现代信息技术的优势，才能全面推进学校心理健康教育。

一、利用现代信息技术的获取功能，对学生、教师心理健康信息进行调查、收集、整理

1. 学生方面。为了解学生的心理健康状况，学校心理咨询室每年都会通过班级QQ群对各班学生进行一次"留守儿童基本现状调查"，并根据调查结果，对部分特殊学生进行问卷调查和"学生心理健康测验"，准确掌握学生心理健康状况的第一手材料。

2. 教师方面。为了解教师的心理健康状况，学校心理咨询室每个教师节都会通过教师QQ群对每位在职教师进行一次"教师心理健康测验"，确实掌握教师心理健康状况的第一手材料。

智慧铸师魂

二、利用现代信息技术的加工、处理、使用功能,把心理健康教育全面渗透到学校教育的全过程中

1. 面向全体学生,积极开展预防性和发展性的心理健康教育。一方面,学校心理咨询室每个月会针对不同年级段学生的心理发展特点和心理需求,设计主题PPT,上传至各班级QQ群,既可利用班队活动课进行集体教育,又可进行个体学习体验。另一方面,学校每期举办"女生课堂""男生课堂""阳光课堂",全体在校学生均可以通过校园网络自愿报名,有选择性、有针对性地参加心理健康教育专题讲座。

2. 帮助少数存在心理困扰及心理障碍的学生,进行心理咨询和心理辅导。学校心理咨询室每周一、三下午开放,对于有需求的学生,可先在校园网上填写"访谈预约卡",预约访谈时间,再按时到心理咨询室面谈,也可电话或QQ咨询。这种方式充分体现了对求助者的尊重,既保护了求助者的隐私,又让求助者更自主、主动地向心理辅导老师寻求帮助,心理咨询和心理辅导的效果也会更好。

3. 面向家长开展心理健康教育工作,加强家校联系,形成教育合力,从而促进学生的心理健康发展。学校为留守儿童建立"亲情热线""亲情视频室",让无法与父母朝夕相处的孩子们经常在电话里,在视频中,舒缓相思之苦,与父母分享喜怒哀乐,促进亲子沟通,改善亲子关系。"父母课堂"是学校心理咨询室为家长们搭建的交流和教育平台,家长们可以自愿参加心理健康专题讲座,也可在QQ群中讨论、咨询有关家庭教育、儿童心理发展、心理健康方面的问题。这一系列举措,大幅缩短了家长与学校的距离,形成"家校一体化"的教育力量,让心理健康教育理念悄悄地在每个家庭中生根发芽。现代信息技术很好地建立了学校和家庭心理健康教育沟通的渠道，优化了家庭教育环境，极大地提高了学校心理健康教育工作的实效性。

4. 密切关注教师心理健康，注意对全体教师进行心理健康辅导，帮助增强教师的心理问题预防意识和在教育教学中的心理健康教育意识。学校心理咨询室每期都会组织全体教师在线上或线下进行心理健康知识专题培训，对班主任进行班级心理辅导讲座，提高教师的心理健康教育水平。学校心理咨询室还会在不同的节日开展相应主题的团体心理辅导拓展活动，如在"三八妇女节"开展女教师心理健康团辅，在"六一儿童节"开展教师亲子户外拓展活动、在开学前开展新进教师团辅等。大家线上跟帖报名、交流分享，线下体验感受，让教师心理更健康。

5. 从教育科研的角度出发，加强对学校心理健康教育的研究与探讨。每期学校心理咨询室都会面向全体教师，上一节心理健康活动示范课。制作精美的PPT，设计新颖的教学流程，图片、音频、视频、表演的多种表达，让大家充分地领略心理健康活动课的魅力，带动大家把心理健康教育进行全学科渗透，推动学校心理健康教育的发展。2016年10月，由国家心理咨询师、优秀班主任、各学科骨干教师组成的学校心理健康教育研究课题组成立，申报的小课题"小学生常见心理问题个案研究"在县教研室立项成功，标志着学校的心理健康教育开始走上专业研究的道路。同时，课题小组还成立了课题研讨QQ群，成员们无须碰头面谈，就能随时随地在群里分享观察案例，探讨研究案例的前因后果，进行网上集体备课、网上作业、网上反思等，享受现代信息技术给我们带来的极大便利。

三、利用现代信息技术的传播功能，多管齐下，加大对心理健康教育的宣传力度

每个学期，学校心理咨询室都会利用学校的校园网站、QQ平台、校园广播、班级板报等各种宣传阵地，开展心理健康教育的宣传。如每周一广播站"心悦时间"的心理健康知识讲座、每期的心理健康知识宣传周，"心悦吧"的"心悦信箱""心悦热线"，"父母课堂"QQ群的每日分享、每次心育活动制作美篇、撰写新闻报道……多方位、多角度、多形式广泛宣传心理健康教育，使学生、老师、家长增强心理健康意识，丰富心理健康知识。

四、利用现代信息技术的储存功能，建立健全学校心理健康教育电子档案

开展学校心理健康教育七年，学校心理咨询室的文件柜已经装得满满当当：每期计划、总结，每个活动的方案、图片、反思，每年的全校"留守儿童基本现状调查表"，学生心理健康档案，学生心理健康测验表，教师心理健康档案，教师心理健康测验表，访谈预约卡、个案访谈记录……这些需要几个大大的书柜才能放下的资料，在电脑里只是几个小小的文件夹，现代信息技术超强大的储存功能让人惊叹！现代信息技术让节能环保的"无纸化"办公成为现实，让那些无法在纸上保存的珍贵音频和影像资料得以留存于世，让学校心理健康教育的承前启后者们有了更直观丰富的学习借鉴经验。

实践证明，现代信息技术在学校心理健康教育的充分应用，最大限度地发挥了现代信息技术在心理健康教育中的优势与积极作用，推动了学校心理健康教育的快速发展，优化了心理健康教育环境，丰富了心理健康教育的方式和策略，迅速构建了我校心理健康教育的模式，提高了学生的心理素养。

今后，我们学校全体"心育人"将本着"成长比成绩重要，成人比成才重要"的理念，继续应用现代信息技术大力开展学校心理健康教育，为全体学生的健康发展助力，为孩子们的心理健康保驾护航！

智慧铸师魂

争创市级文明标兵校园

宜章县湘南红军学校创办于2012年，其前身是宜章县第四完全小学，2013年命名为"宜章县承启红军学校"，经全国红军小学建设工程理事会挂牌成为全国第132所红军小学，成为湖南省首家"全国五星级红军学校"。2019年9月，学校更名为"宜章县湘南红军学校"，是一所九年一贯制学校。多年来，学校坚持以习近平新时代中国特色社会主义思想为指导，紧紧围绕立德树人的根本任务，以争创市级文明标兵校园为目标，以培育和践行社会主义核心价值观为根本，狠抓精神文明建设各项工作，不断提高师生文明素养，持续提升校园文明程度，取得了良好成效。现将工作开展情况汇报如下：

一、取得成效

1. 成功承办市级、县级现场会活动。本年度我校成功承办市委党史办、市教育局在我校开展的"学党史、颂党恩、跟党走"专题现场会、市心理协会在我校举办的心理健康教育示范项目活动、县委组织部开展的"新时代基层干部主题培训现场会"，县总工会"三八"颂党恩朗诵比赛、劳模工匠进校园主题宣讲启动仪式、县第二十三届艺术节，成功创建市级"扫黄打非"示范点。

各项活动的承办获得上级、社会的一致好评。

2. "党建+"工作突出。2021年我校党支部获教育系统先进基层党组织荣誉称号；《党建+队建》获市级优秀案例，《党建+教学案例》《党建+师德师风》项目获县级优秀案例，学校获宜章县师德师风学习心得体会优秀组织单位。

3. 心理健康教育有成效、有亮点。我校被评为郴州市心理健康教育先进单位、郴州市心理与教育学会常务理事、理事单位、郴州市市级职工咨询室示范单位。

4. 教师业务水平不断提升。我校多个名师工作室成立了，现有市级骨干教师4名，县级骨干教师四十余名。近年来，我校多名教师在教育部、省、市、县评比、竞赛活动中获奖。

5. 学校教育教学质量不断提高。音体美信技特色教育成绩斐然，在郴州市第二十六届英东杯运动会中，我校小学部夺取了全市团体总分第一名，蝉联县足球联赛男女子组冠军，在郴州市少儿才艺大赛中陈莎莎获市级金奖；湖南省校园文学大赛中胡悦晴、杨娟获省一等奖。在2021"少年硅谷——全国青少年人工智能教育成果展示大赛"，我校参赛作品入围全国四个展示作品之一，多个作品获一、二、三等奖；近年来，学校先后获得了"全国两万所特色足球学校""爱心传承基地""县教科研工作先进单位""县党史国史教育示范学校""学有所成"专项帮扶先进单位和"全国人工智能教育成果展示大赛优秀组织奖"等多项荣誉。

6. 把新闻宣传作为加强意识形态重要抓手，本年度发表美篇八十余篇，多篇稿件在《湖南日报》、《郴州日报》、省市网站或刊物发表。

二、主要做法

传承红色基因，聚焦立德树人，培根铸魂育人。

我校根植宜章这片红色沃土，办学以来，把丰富的红色文化资源转化为优质的教育资源，将红色文化融入课程教学、日常管理、校园文化、社会实践等，形成了全员、全过程、全方位开展红色文化育人格局。

一是凸显"红"芯，传承红色基因：把红色教育融入课堂教学活动中，增强红色文化引领力。学校编写了红色主题的校本教材，系统化教育学生，让学生自然汲取红色滋养。将红色教育融入日常管理活动中，增强红色文化渗透力。学校把红色教育与党团组织建设相结合，通过走访老红军战士，参观革命故居，祭扫革命烈士墓，开展"读党史、颂党恩、跟党走"系列教育活动——先后邀请了老革命同志、劳模工匠到校讲座。组织学生们开展了重走长征路、汝城沙洲研学等活动，引导学生爱党爱国、传承红色基因、赓续红色血脉。

二是营造"红"味，聚焦立德树人。作为湖南省首家"全国五星级红军学校"，我们努力打造，让学校每一个角落都渗透红色之光，让校园的一草一木都闪烁红色之影。学校创建了红色文化展厅、爱心传承馆，在校园主道设置红色文化长廊，在走廊、连廊悬挂红色历史图文资料宣传牌。少先队定期组织学生轮流参观学校红色文化展厅和红色文化长廊；定期开展红色主题班队活动，让学生时时刻刻浸润在红色氛围中，让红色基因在学生心中内化成型。经典阅读，洋溢经典书香。为弘扬中华优秀传统文化，激发学生阅读经典的兴趣，湘南红军学校小学部建立了周一经典诵读常态机制。每周一升旗仪式后，同学们在经典吟诵中开始新的一周，老师们精心设计，同学们尽情展示，全校一起沐浴经典，让经典文化浸润校园，以文化为先导让诵读经典点亮每一位红娃的人生。其次，充分发挥学校丰沛的图书功能，坚持每周每班安排一节阅读课，以及充分利用班级图书角的作用，坚持每天放学的路队吟诵，有力地推动了书香校园的构建进程。重视心理健康教育，培养学生健康的心理素质。学校拥有专门的心理健康教育中心、专业的心育团队，其中国家二级专职心理咨询师一名，兼职心理辅导老师4名。通过上心理健康课，开展团体心理辅导、个体心理辅导、心理训练、问题辨析、游戏辅导、专题讲座、关爱留守儿童示范项目、家庭教育知识宣讲、教师心理健康测评等活动，促进师生心理的良性发展。本期我校"2021年郴州市农村留守儿童社会服务示范项目"完美收官，9个主题，17场团辅活动，历时20天，近千名留守儿童受益。我校被授予了郴州市心理健康教育先进单位、郴州市心理与教育学会常务理事、理事单位。体艺教育齐头并进，凸显灵动特色教育。学校有一支业务精湛的专职体艺教师队伍，学校开齐并上好体艺课，建全阳光体育大课间制度，确保学生每天锻炼1小时，强势推进校园足球，打造足球梦生力军，学校2014年组建了校园足球队，2016年获评全国两万所足球特色校，校园足球得到长足发展，成为我校亮丽的名片。其次，学校开展了丰富多彩的第二课堂活动，各年级成立了足球、篮球、田径、合唱、舞蹈等兴趣小组，并依托体育节、艺术节等活动激发体艺教育活力。建校以来，我校体艺之花结出的硕果不断，在市、县运会、艺术节中连年捷报频传，本期在郴州市第二十六届英东杯运动会中，我校小学部夺取了全市团体总分第一名，蝉联县足球联赛男、女子组冠军。

智慧铸师魂

三是启发"红"智，培根铸魂育人。我校依托学校丰厚的红色文化底蕴，积极探索基于学校红色文化浸润中的师德师风建设，用红色文化强师德、铸师魂，培育新时代"四有"好教师。学校创新学习形式，让党史学习"热"起来。学校党支部组织开展了以"学党史，知党恩，跟党走"为主题的党史学习教育系列活动，通过教师例会、行政例会、"三会一课"等形式使党史教育学习入脑入心。学校坚持以课程改革促教师专业成长，积极开展教研教改活动，坚持每周三的教学开放日活动和每周五下午组织全体老师进行政治、业务集中培训，让教师的专业化水平得以提高。坚持以课堂育人为主渠道，全面融入思政教育。切实推动社会主义核心价值观进教材、进课堂、进头脑。开展课堂教学与思政融合等展示活动，在传授知识的同时，渗透对学生的爱国主义教育、法制教育、诚信教育、环卫、安全、科技等教育。

文明标兵校园创建工作只有起点没有终点，只有更好没有最好。我们将以此次文明标兵校园考评为契机，在各级部门的正确领导和关心下，不忘初心、牢记使命，履职尽责、勇于担当，努力开拓文明标兵校园创建的新思路、新举措，提升文明校园工作的影响力和辐射力，谱写学校精神文明建设工作的新篇章。

浅谈学校养成教育精细化实施

学校作为教育人的场所,是向下一代传授知识与文明、传播科学与真理、传承道德与精神的场所,是学生成长的摇篮,而好的育人环境可以孕育好的性情,好的性情能给学生一份恬静的心,让他们安心学习。下面我就创建和谐校园,如何抓好养成教育的精细化管理,培养学生良好习惯,谈谈我们的几点做法:

一、明确管理目的,树立管理理念

众所周知,养成教育是关系学生一生的教育,是学校德育工作的一项重要内容,是学生全面发展的基础工程。养成教育有利于学生成才、成人;养成教育有利于家庭和睦;养成教育有利于社会进步;对于学校来说抓好养成教育更有利于学校管理。因此,我校一直以来把"怎样搞好学生的养成教育"作为一个重要工作来抓,并通过会议讨论,让学校领导及老师充分认识到养成教育在学生道德建设及各项管理工作中的重要地位,结合本校实际情况,把养成教育落实到精细化管理中,把"培养有素质,讲文明的学生"作为学校德育的工作目标:让学生会做人、会求知、会生活、会健体、会生存,从而促进学校管理工作形成一个特色,不断创新,永续发展下去。

二、进行层次管理，团结协作，充分落实精细化管理的要求

校长负责学校的全面工作，副校长管理一条主线的工作，各处室主任分别负责各自的职责。每位领导都做到责任明确，分工又协作；甘于奉献，共同推动学校整体工作再上一个新台阶。为了把全校教师的干劲拧成一股绳，做到同心同德，目标一致，学校领导班子成员率先垂范，在工作中精诚团结，互助合作，为学校持续健康发展群策群力贡献力量，并都能以身作则，深入教育教学第一线，在学校日常工作中发挥着重要的领航作用。

学校德育工作以政教处、团支部、各班主任为工作主体，工作重点与措施是：

（1）加强学校德育工作，促进学生全面和谐发展。将德育的基点放在培养好每一个人上，让每个学生都获得成功。

（2）进一步深化养成教育，心理健康教育，培养学生健全的人格。

（3）建立起"从管理中，从评介中，从活动中，从文化熏陶中"教育的工作机制。

（4）挖掘传统节日教育资源，形成德育活动主题化、原则化、生活化的机制。

（5）抓好班主任及各位老师的常规工作，抓好学生的日常工作。采取分层督导，定期与不定期抽查等灵活有效的办法，把班级、年级、学校在某个时间，某个地点，某个人群中存在的问题能及时地排查，及时地发现，及时地解决，力争把问题解决在萌芽状态。坚持班主任月例会制度，强化他们的责任心，及时发现总结班级管理中的问题，收集金点子与思路，找出解决问题的办法，每期进行一两次的班级管理经验交流活动，促进班主任的

进步，不断提高班级的管理水平，从而进一步提升学校的管理水平，为学校学生管理发展彰显学校特色奠定了坚实的基础。

三、抓细德育常规教育，勤检查，重落实，用多平台形成养成教育精细化管理体系

（一）用思想理论来指导

"养成教育"通俗讲就是培养和教育学生养成良好的行为习惯、学习习惯和生活习惯。

好的习惯将影响人的一生。因此，要使学生从思想深处认识到养成教育对他们自身发展和提高自我修养的重要性和迫切性。良好的行为习惯，是一个人走向成功的基础，也是个人素质的表现。美国心理学家威廉·詹姆士说了这样一句话："播下一个行动，收获一种习惯；播下一种习惯，收获一种性格；播下一种性格，收获一种命运。"可见，习惯对一个人的命运的重要性。我们教育学生应该把这句话作为每个学生的座右铭。

我们应当利用集会、课间操、政治课、班会课、法制课、专题讲座以及创办专刊等形式，组织他们学习各种教育理论，对他们进行政治思想教育、文明礼仪教育、感恩教育和安全教育等。从古今中外的成功人士的正面事例及生活中的一些不良习惯造成不良后果的反面事例来引导学生，让学生明白什么该做什么不该做。

（二）用规章制度来约束

没有规矩，不成方圆，学校是育人的地方，为了规范学生的行为，就必须建立完善各项规章制度，如每学期开学，我们都得安排第一周一周时间组织学生认真学习《中学生日常行为规范》《中小学生守则》《宜章县第十一中学安全卫生公约》《宜章县第

十一中学班级量化细则》《宜章县第十一中学学生管理制度》以及各班《班级文明卫生公约》《文明卫生寝室公约》等，用制度来规范学生的言行。

同时，完善评价机制，建立《学生成长档案》和完善《学生考评手册》，加强对学生的评价管理，并通过定期评比，经常检查，使规章制度落到实处。使学生的言行受到约束，由勉强执行到自觉遵守，逐步形成自我管理的习惯。

（三）用学生干部来带动

"火车跑得快，全靠车头带"。好的班干部能有效地带动全体，为学校形成良好的校风、学风起着推动作用。

班干部是班主任的得力助手，培养好班干部，班主任就不会脱离学生，不会孤军作战。如何选择好的班干部呢？"打铁还得本身硬"。首先要把服务意识强的，自律能力、自理能力强的同学选出来，以他们作为标兵来示范，激发其他学生的服务意识及各种能力的培养，以达到自我管理的目的。因此，我们要善于每时每刻发现、挖掘这样的能人选到各个岗位上来展示他们的才能，以带动其他同学的积极性。我们在发现、挖掘服务意识强的学生时，采用在学生完全不知情的情况下，有意无意地将水龙头打开，把扫帚、拖把翻倒在地上……故意布下"地雷阵""天罗地网"让学生去"踩"，让学生去"钻"，看他们有何反应，教师则在旁边注意观察，去发现服务意识强的学生。或是教师起表率作用，用带头捡垃圾、打扫不干净的角落等方式来引导学生增强学生的服务意识，进而转化为为他人服务。

因此，我们要选思想好的、学习一般、群众基础好且有一定工作能力的学生担任班干部工作，然后对他们进行具体的分工，让他们明确他们具体的职责,并教给他们工作方法,指导并帮助他们开展工作。同时利用班干部,开展兵管兵、兵教兵的活动。还有班主任可以利用班干部更多地同学生接触,多了解学生。在一周一次的班干部会议上,及时更具体地了解每个学生的情况。班干部工作有成绩时,就及时地给予肯定和表扬,他们工作有失误时,就细心地引导他们开展工作,及时纠正他们的错误。我们应热情地帮助他们,鼓励他们克服缺点,树立他们的威信和信心;以表扬为主,尽量少去批评他们,个别事情放胆和放心让他们去做,信任他们,支持他们,逐步培养他们的工作能力,如出黑板报、安排值日、安排劳动等;平时多与他们谈心,更加严格要求他们,让他们认识到他们应该带好头,给同学们做好榜样。

其次,权力"下放"是搞好班干部工作的又一策略,如班干部有权对全班同学进行值日评定,规范评分,有权处理班级日常事务,有权评选优秀学生等。而"放"的同时,老师要注意总结"回收",再进行民主评议,纠正班干部工作的偏差,总结经验,使学生干部各尽所能,人尽其才,充分发挥各人的主体作用。

(四) 用身边榜样来激励

"榜样的力量是无穷的"。我们有意识地以自我管理能力强或在这方面进步显著的同学作为榜样,号召同学们学习。这些年我们还一直把从我校考入县一中的那些优秀学生作为全校学生学习的榜样,正是他们会生活、会学习、会做人才会变得优秀,而且大家也熟悉,这样的榜样更具说服力,努力让学生做到"学有榜样,赶有目标",以此来激励全体同学,沿着正确的轨道前进。

同时,教师也要做好学生的表率,真正做到"为人师表",要求学生做到的,老师自己必须先做到;要求学生不做的,自己带头不做。教师的身教作用尤其重要。因此，要求学生做到的不迟到、不早退、不旷课等，我们自己先做到。每天，提早20分钟到校，站在教室门口，等学生的到来，学生亲眼所见，久而久之，学生们也不好意思迟到，根本上也就不敢迟到了。无形中，学生会以老师为榜样，坚持早到校，做好每一样应做好的本职工作。

另外，我们要求老师在给学生做表率时，在教学过程中，必须做到文明用语，在批评学生时，说话不带刺，不用侮辱字眼，不高声大喊；为人处世有修养，诚信待人，礼貌待人，以心待人。这一步就像师父带徒弟，你做得实在，他们就看得明白；你做得细致，他们在效仿时就不会马虎。身教重于言教，此时无声胜有声。因此，学生的养成教育要达到"随风潜入夜，润物细无声"的佳境，教师就应时刻注意自己的言行，见到学生的东西掉在地上就应弯下身子拾起来，在公共场所或是教室里见到垃圾要随手捡起来，见到教室的门窗桌椅坏了自觉自愿修好，在楼道里要轻声慢步靠右行。这些看似平平常常的小事，似春雨润物无声，似航标，引人向前，似红旗，激人奋进。

（五）用优秀群体来促进

俗语说："近朱者赤，近墨者黑。"学生的行为习惯具有互相影响的特点。一个学校、一个班级如果有良好的风气，同学们自然会受其影响，形成良好的习惯。否则，将产生相反的效果。为了让每位学生参与到学生管理中来，要使学生成为既是被管理者，又是管理者；是受教育者又是教育者，从而实现由角色的变换到思想方式的变换。为了创建较多的优秀群体，我们设立学生会，团总支成员值日制。每天安排一个组对学生的卫生、纪律、学风等进行全面检查，并且评分，让每位同学成为管理者。通过检查，学生在实践的体验中，明确了哪些事该怎么做，不该怎么做，从而提高了自己的控制能力，同学们自己教育了自己，不良行为得到克制，又可以影响带动其他同学；班级之间出现了相互学习、你追我赶的新气象，从而涌现了不少的优秀学生。作为直接管理者，政教处，团总支以及各班主任则负责发现问题，找出原因，及时处理，抓好落实，使机制有序地执行，确保有效实施。

同时，我们以活动为载体，结合本校实际，通过演讲比赛、拔河比赛、体操比赛、写字比赛、乒乓球比赛、举办运动会、节日文娱晚会等活动，并以青少年宫活动为平台，既丰富了学生的课余生活，又能培养学生的集体荣誉感和群体意识，还能培养学生的个性发展，这是促进学生健康成长最有效的方式。

（六）用美好环境来陶冶

良好的学校环境是一个重要的教育因素，它对学生的思想、感情、性格起着潜移默化的作用，对自我管理能力的形成也产生着隐形效应。例如：一个人面对一大堆杂草丛生、满地果皮纸屑的地方，他就会随意吐痰、乱扔垃圾。而当他到达一个五星级宾馆时，他自然会警惕自己的一言一行、一举一动，不文明的行为就自然得到收敛，足见环境对人的影响是多么巨大。因此，我们要尽力使整个学校环境不仅安静、整洁、优美，而且富有教育意义。同时，发动学生，举行丰富多彩的校园活动及校园文化建设，积极搞好班级文化建设，学校道路操场全部硬化，到处绿树成荫，花草成池，多处门口有对联，每一处墙上有书画，还有多处文化长廊，几乎做到了不浪费每一面空墙，连学校围墙都贴上了《弟子规》，提醒教育大家"首孝悌，次谨信，泛爱众，而亲仁，有余力，则学文"。学生处在文化氛围如此浓厚的环境中，自己的性格能不受到陶冶？自己的言行能不受到约束？学生见到碧绿的草地欲踩不忍，浓郁的绿树鲜花想摘不舍，手中的果皮纸屑想丢不行，污言秽语难于启齿。久而久之，学生自我管理的能力和良好习惯就会逐步形成。

再者要注重创设良好的学习环境。关键是学生明白学习是为了自己，为了全方位地提高自身素质，自动自发地学习。如每天早读学科代表组织学生朗读，班干部要带头拿出书来读，这样会使教室一下子变得书声琅琅，呈现一片浓厚的读书气氛。其他的同学也会受到影响，感到一股无言的压力，也就是利用用功的学生本身创设了浓厚的学习气氛。用这样的同伴效应的方法，就能够建立出一个良好的学习环境。

中学生养成教育是一个值得探讨的课题。良好的行为习惯的形成并非一朝一夕养成，必须反复抓，抓反复，它需要我们师生长期努力，需要老师不断督促引导。如果这个问题抓得好，有利于良好班风、校风的形成，有利于学生综合素质的提高，有利于学生正确世界观、人生观的确立。否则，学生个人会成为无缰的野马，集体会成为一盘散沙。当然，如今教育是"学校、家庭、社会"三位一体的教育，学生的养成教育是教师和家长的共同职责，学校、家庭、社会都应加强养成教育，教育的目标内容要一致，和每一个家长密切联系，承担起各自肩负的重任，共同起好表率作用。以上是我们对学生进行养成教育的一些粗浅做法。今后，我们将深入研讨，不断总结，争取抓出更大的成效，使每个学生最终达到自强、自尊、自律、自爱，从而使他们受益终生。

多媒体在语文教学中的应用

所谓多媒体是可用计算机处理的多种信息载体的统称,包括文本、声音、图形动画、图像、视频等。早期使用幻灯、录音机等,现在随着计算机在各个领域的广泛应用,计算机在课堂教学中被普遍应用,这给传统教学带来了冲击,引发了课堂教学的革命,从内容到形式对课堂教学发起了新的挑战,扩充了课堂教学的信息量,拓宽了学生的视野,增强了课堂教学的直观性与形象性。

应用多媒体展开课堂教学,形象具体,大大激活学生的思维,激发学生的兴趣。例如我们在教学《春》一文时,便可在屏幕上展示有关春风、春草、春花、春雨等的一组图画,引领学生走进春天,领悟春景,一幅幅春的画面便印在了学生的心里,让他们直观而具体地把握文本内容。接着引领学生去咀嚼文段,审视作者语言的精准与优美。屏幕上展示文中的描写语句,体会作者生动的比喻与拟人修辞手法的运用。最后听读预设的课文朗读。这样有声有形有色地完成课堂教学的全部程序,教师教得轻松,学生听得愉悦。

应用多媒体教学,让学生易于感悟,易于理解。例如,教学

《挖荠菜》一文，文中所写的荠菜是一种什么样子的植物，一般生长在什么地方？作者挖荠菜用什么工具？挖的情形怎样？这些内容离学生生活比较遥远，尤其对于城市学生来说是见所未见，闻所未闻。教师可或下载或制作一幅幅画面展示于屏幕，让学生形象地感悟荠菜之形之色，从而理解作者所历生活的艰辛，激发学生珍惜今日幸福生活的情感。农村学校好办，老师可以带领学生走到野地里去认识荠菜，亲手挖一挖，并且闻一闻荠菜的香，尝一尝荠菜的味。又例如在讲授《狼牙山五壮士》时，可以播放《狼牙山五壮》的影视片段，影视播完了，文本内容便被学生领悟了，山之高峻，敌之追击紧逼，崖之峭险，壮士退而无路，一跃跳向陡崖，临危不惧，临死不屈的英勇形象便矗于学生灵魂。

应用多媒体教学，大大增强了课堂容量，注入课堂知识信息。

传统教学中，除教师讲授外主要凭借板书向学生展示知识信息。应用媒体教学，或荧屏或音响，或图片或文字，手点一键展屏一片，显示大容量的知识信息，且大大节省了老师板书的时间。老师便可利用可视屏幕所展现的内容与学生对话向学生解说，这样收获了事半功倍的传授知识的效果。不过，有经验的老师在应用多媒体教学的时候，除了引领学生动脑想，动耳听，动眼看之外，还要指导学生动手记录下来屏幕展示的一些与文本相关的重要文字。不然一堂课完了，学生没记下文本讲授的重要节点，就好比看了场电影，观后两手空空。

应用多媒体教学，优势多多。老师驾驭课堂时轻松了许多，但课前准备的工作量反而增大了。老师必须根据文本，根据教学目标去制作课件。比如，要绘制图片，要择取与组合需要展示的文句，要设计荧屏的版面。这就对教师提出了更高的要求，不仅要有赏析教材的专业知识，还要懂得应用电脑绘图、列表、制作动画等的技能。课件制作的优劣决定授课质量的优劣。

整个课件的制作，要紧扣文本，突出文本的教学目标，凸显教学的重点，突破教学的难点。如果离开这些方面，多媒体使用也无非是花架子而已，没能起到辅以教学的作用。

课件制作除了紧扣文本外，还要考虑图片的鲜活，切合文本内容。文字展示要精准简洁。展示的文句过于繁杂沉冗，也不能起到提纲挈领、一目了然的效果。

多媒体的应用，同样不能忽略课堂提问。展示屏幕内容要与提问有机结合，要与文本有机结合。要把学生的思索与目光引向文本，通过图像领悟文本，通过问答理解句段。

课文讲析完了，可以回放一遍所展现的多媒体内容，帮助学生回顾课堂所述内容，形成完整的知识链。

多媒体应用将教学推向了信息化、现代化。它向教师提出了新的挑战。我们教师要在多媒体教学中细心琢磨，以工匠之心研究这一教学模式，提高多媒体应用的水平，以获取优质的教学效果。

智慧铸师魂

作文批改改革的尝试

作文是语文教学的重头戏,我们引领学生学习教材,阅读课外读物,都是为学习作文铺垫基础的。在习作教学中,往往老师注重了指导学生习作这一板块,可是忽略了指导学生批改作文。其实改作文比写作文还重要,因为好的文章是改出来的。

作文批改的现状又如何呢?大多老师走不出学生写作文,教师改作文这个传统批改的圈圈,当一次学生作文交上来后,教师便改呀改呀,伏案批阅,费时费力,却费力不讨好。作文发下去后学生瞟一眼评分与评语,便不假思索地塞入抽屉了事。周而复始,改法无所创新,学生习作水平又怎会得到提高呢?既然改作文的功夫比写作文还重要,教师便要引领学生去学习怎样改作文了,教会学生几个招式,领会怎样改作文的要诀,在"改"字上下功夫。这样可能收到事半功倍的效果。

一味地囿于老师批改的传统方法,那是辛苦了老师,自讨苦吃,此且不言。重要的是剥夺了学生修改作文的主动权,让学生丧失了修改作文的主动性,形成了学生对作文修改的惰性和依赖性。如果教师的评语也笼统空泛,如同半空撒石灰,不着边际,于学生则云里雾里,无所受益。由此看来,教师放心地科学地引领学生去修改作文,让学生在修改中去领悟去发现去评价自己的习作,这是迅速提高学生习作水平的又一把刷子。清人唐彪说,"文章不能一作便佳,须频改之方入妙耳",鲁迅也说"好文章是改出来的"。古今中外的笔家都认可这点,这就好比雕琢玉石,粗胚出来了,还要变换角度,变换技法地细细打磨。打磨的功夫越到家,那玉才越精致。再说学生在校不学会几招作文批改的手法,出了学校写了作文,难道还要捧上作文找位老师去修改?常言说授人以鱼不如授人以渔,说的也是这个道理。《中学语文教学大纲》也明确指出,"要有计划地培养学生自己修改作文的能力和习惯,可指导他们自己修改,或者组织他们互相修改"。可见努力培养学生作文批改的能力和习惯,是作文教学中一项重要的目标和义项。

这里一个问题,教师不能袖手旁观,一肩轻松,而要深入研究指导学生批改作文的方法。首先,培养学生浓厚的写作兴趣和稳定持久的写作积极性。这是贯穿于语文教学全过程的中心任务,课文赏析,课外活动,习作训练的全程,"三句不离半行",围着习作打转。其次,授学生以批改作文之法,要规定运用一些统一的批改符号。

修改文章,总体上从四大方面着手:

一是改语句。标点使用是否正确、汉字运用是否正确、语句是否流畅,有无语病。语病的检测,以前的部编教材从词性到句子成分到句式,有一整套的语法知识穿插在各册次中,学生读完初中基本掌握了初浅的语法系列。这有利于学生从理性上去分析语病。现在的新编教材把这个语法系列删去了,不利于学生理性地检测语病,学生只凭着一种语言习惯去感悟一个句子或搭配或完整与残缺或修饰上存在的问题，实在是知其然而不知其所以然。我觉得中学生应当学点语法，这有利于写作与说话。深一层，还要考究学生用词是否精准，用语是否生动，文章对于读者的感染力，往往除了所取素材外，重要的还是语言是否具有感染力。

二是改结构。记叙文体而言，应该遵循事物的本来秩序与规律去安排结构与层次，是顺序还是倒叙？何处用插叙？根据所写事情合理采用。写一件事，哪方面先写？哪方面后写？都要动笔前思索清楚，避免层次混乱，语意混乱，造成或颠倒或缺失或重复或累赘的问题。要引导学生在相互批改与自我批改中，扣住这些要素去审视结构，作出修改与评价。

三是改主题。事物本身是相互关联的是复杂的，而作文便要在诸多事物中围绕一个主题一个中心去梳理、去剪接与主题有关的材料。所以，在作文评改中要审视题目与内容是否相符，立意是否正确，主题是否突出，材料是否切题，等等。审视清楚了，提出主题与素材的融合上存在的或偏题或臃肿或单薄等问题。

四是改素材。看哪些素材与主题无关，当舍则舍，毫不吝啬。

那么，老师在指导学生批改作文时有哪些行之有效的方法呢？

1. 学生自改。作文后将学生的作文收上来后，老师选择各种层次的学生作文浏览一部分，不作修改，但粗略记下本次作文显现的普遍问题。然后，过几天将作文本发给学生本人，由学生自行批改。这时因为有老师宏观的指点，又加上学生重新审视自己的文章，往往对作文中的问题自己有了新的发现，便可作自行批改了。这种体验我们成年人也感悟很深，一篇作文一气呵成后，放几天，甚至几月，再来回视，往往走出山重水复，得来柳暗花明。

2. 学生互改。此法可在一个班内采用,也可在平行班交换采用。学生换改,可激发学生主体热情,以鉴赏者甚至师者的角色投入批改,根据自己的审视标准吸取原作的长处,也大胆地指出原作的不足并提出修改意见。在学生互改前,老师要宏观指导学生批改时写下的评语要中肯,以鼓励为主。

3. 集体评改法。先印发一两篇有代表性的中等作文,在学生通读全文的基础上,再由教师逐段引导学生集体评议其优劣,并对不足之处提出修改方案。最后由教师总结,记下学生进一步明确文章的可取之处和最佳的修改策略。此法以讨论为主,能充分发挥学生的主体作用。仁者见仁,智者见智,举一反三,打破学生的思维定式,在论辩中能让学生积累大量的作文修改方法。吕叔湘先生就十分推崇这种方法。

4. 导改法。此法较为强调教师的主导作用,要求教师对学生的作文给予修改的引导和指点,提出切实可行的有效的修改意见,这意见既不能是教师包办的修改处方,更不能是让学生莫名其妙,无从下手的玄乎之词,应该是具有较强操作性的点拨之语。导改法可采用书面批注引导,也可采用课堂口头点评的形式。导改法是目前普遍采用的作文评改方法之一,是多角度多层次培养学生作文修改能力和习惯的基本方法。

5. 示范修改法。此法是指用示范作文启发学生在比较中找出自己作文的不足之处,并作出修改的训练方法。示范作文可以是经过教师修改后的学生优秀作文,也可以是教师的下水作文。采用示范修改法要注意防止学生可能产生的盲目模仿和照抄照搬的不良行为。

6. 定点修改法。定点修改法是指将包括文章内容、结构、语言等在内的诸多板块，根据不同文体的不同要求分解为若干个修改训练点，然后逐步进行有针对性的定点修改训练。这种方法看似琐碎，但效果明显。一次作文完成一个写作点的修改训练，循序渐进，循环往复，各个击破，步步为营，最后综合起来就能提高学生的写作水平并养成学生的作文修改习惯。

上述六种作文修改教学法，在具体的教学活动中运用时当然不能在一段时间内单一地使用一种方法，而要不断交换地综合使用，以增强教学的灵活性。总而言之，无论采取何种方法去培养学生修改作文的能力和习惯，都必须遵循"学生为主体、教师为主导、训练为主线"的教学指导思想，通过教师切实有效的方法引导学生下水，练习游泳的本领。只有这样，才能取得最佳的作文教学效果。

在教师的指导下，学生养成了良好的写作与批改的习惯，摸索到了其中的一些奥秘，越写就越有兴趣，越改就越觉得好文章是改出来的。这样坚持下去，学习数年，练就写与改的看家本领，还愁学生写作水平不见提高吗？

课堂提问的意义与技巧

一堂语文课上得成功,需要调动诸多因素,例如精细的课前准备、巧妙的课堂提问、流畅的口语表述等,其中课堂提问的设置是重要因素之一,可以说整个课堂教学的推进,是由提问组成的。严谨的提问串起来便织成一堂课的教学思路,每一提问便是一副铃铛中的一粒小铃,组合起来便击打出课堂悦耳的晨曲。恰到好处的提问能引领学生捕捉课程的重点与难点,明晰地接受课堂信息。提问的质量如何,体现了一个教师操作课堂的基本功如何。

怎样进行课堂提问呢？首先课前备课时,在吃透文本的基础上教师要精巧设计课堂上要提的问题。这些问题的提出要突出这堂课所授内容的教学目标,抓住教学的重点与难点。问题的设置要遵循由浅入深的原则,要切合学生的认知水平,问题提得太易,学生一窝蜂抢答；问题提得太难,造成课堂十问九不知,气氛沉闷。提问还要避免死板与教条,语气要平和,语式要有启动性与趣味性,引领学生钻进思索的棘丛,又能自己斩开思想的荒芜,寻出一条路来,然后通向明晰的大道。这时学生便能尝试到探索未知的成功愉悦。有时课堂推进中,学生会提出一些连老师也未能预设的问题来，这些问题或与教学目标有关，或与教学目标无关。有关的，教师临时调整自己的教学思路加以解答。无关的也不指责学生，说这个问题放到课后老师给解答。因为学生敢于提问，就是在积极思索，思索总比关闭思维的大门好。有时教师提出的问题，没一个学生答得上来，这可能是问题本来就很难很深，也可能老师设置问题的角度不对，就像在让学生面对一头整个的牲口，不知在何处下手剖之。这时老师便要化笼统为细微，化粗疏为精细，化深奥为浅显，把一个问题分成几个小问题，一步一步去提问。如同登一个土坎，一步跨不上就分几小步往上攀爬。

教师的提问，很大程度牵引着学生的思维，决定着授课目标、授课质量、授课效果的提升与实现。一堂成功的课，应当既不是"满堂灌"，也不是"满堂问"。灌，还是要的；问，也要，都要适时与适度。

如果一堂课，老师抛出一连串问题，也没难度，学生几乎不需要动脑子就可以回答，这类课看起来很热闹，其实是没有什么质量的。因为这种提问没有思维力度，是低效的提问，而学生的回答也是低效的回答，有效的提问应当引发学生思索，从而理解文本。

提问的主动权应当主要掌握在老师手里。因为一堂课好比一台戏，教师是导演，学生是演员。课堂的气氛渲染、情感创设、内容推进全在于老师的设计与演进。同时，学生始终是戏场的主体，如果离开学生的课堂活动，诸如倾听、记录、思维、哭笑、答问、提问等，只有老师一个人在咿里哇啦，这样的课学生自然收效甚微。

提问，应当是双向的——老师问学生，学生问老师。往往学生问老师，特别能引起学生的关注。学生提出的问题，可以由老师解答，也可以由老师引发学生展开讨论，共同寻求问题的答案，也可以由老师指名学生回答，最后教师作出综合归纳。

例如我在讲授《故乡》一文时，有学生就提问道："闰土与鲁迅是少年朋友，在鲁迅搬离故乡到他谋食的地方去以后，两人的来往还在延续吗，闰土后来造访过鲁迅没有？"这个问题是对文本内容的延伸，首先应当肯定学生这一问题提得好，提得深入，提得细化。其实，闰土与作者之后几十年交往与否，相互记起与否，友谊存续与否这些问题现有资料未曾见叙，我也一下子不能作出肯定与否定的回答。于是我就此问题，由学生张开想象的翅膀，去探究闰土与鲁迅后来的关系情形。有的说，"闰土不识字，他与鲁迅无法书信来往，自然后来就断了来往。"有的说，"鲁迅是大学问家，礼贤故交，应当托人捎了口信给闰土，并捎回了路费给闰土，闰土也去了北平看望鲁迅一二回。"有的说，"闰土后来成家了，他知道自己与鲁迅不在一个阶层过日子，交往便没有了。"……好家伙！一石激起千层浪，一问漾出千宗思。我便顺手在黑板上板写了一个作文题："闰土与鲁迅离别之后"，说道："同学们让思维随风在想象的天宇去游弋，把鲁迅离别故乡后与闰土的交往写下来吧。"同学们很兴奋，写作欲立即亢奋起来。这样又把阅读与写作有机结合了起来。

总之，课堂提问是课堂推进的最有效的形式之一。提问是一门很值得研究的艺术。一名成熟的教师往往十分注重在提问的技术与艺术上下功夫，给自己的课锦上添花。

文言文教学中的整体感悟

文言文,即用写文章的语言写成的文章,也可理解为用书面语言写成的文章。它与口头语言是相对存在的。这种语言形式起源于先秦,一直沿用到近代的白话文运动。越是早期的文言文,离我们现代人越久远,惜字如金,因而越发难读懂。形成这种语言形式大抵与文字的载体有关,先是载于甲骨,后载于丝帛,最后载于纸。于是文人们尽量惜字,将文章写得精悍些,以省甲骨丝帛之材料。

我们今天阅读古人的文章,觉得费时费力,捧着一纸古文如读天书,不知所云。可是今天的文化是从老祖宗那里传承下来的,不能不学。否则中国文化便成了无源之水,无本之木。今天我们学习文言文,首先要通过文言文学习,了解文章的语言特点,例如古文中的实词(古今异义)与虚词,文言文的基本句式主谓倒置、宾语前置、状语后置等,这些结构形式与现代语言表达大不一样,造成了今人阅读的困难。在阅读过程中探究古文的语言特点,归纳古文的用词组句的规律,胸中装有熟读的几十篇文言文,形成对于文言文的语言感悟,便能阅读一般的文言文了。文言文中的实词存在大量的古今异义字、通假字,阅读时要注意积累。

而虚词的运用与现代语也大不一样，同样要弄清这些虚词在不同语境中的作用与意义。文言文是中国古代文化的海洋。入选中学语文教材的文言文是这片海洋里拾掇的文学瑰宝，教师引领中学生游弋在这文学的海洋里便能领略漫长的中国文化发展历程沉淀下来的历代文人的思想脉络，历史的演变，以及古人惊人的思辨能力和作文的优美技巧与风格。

中学生学习文言文仅是文言文学习的入门，应当采用整体感悟的方法为宜。所谓整体感悟，是指教师在课堂上组织文言文教学时先引领学生通读一两遍文言文，对文章的结构、思路、主要内容作一个整体的把握。引导学生注意文中的实词与虚词，哪些是明白了的，哪些是不明白的。跳跃开不明白的字句，初步把握文章的基本意思。然后引导学生充分利用注解，理解不理解的字句。在这个基础上老师以生问师答与师问生答的形式，突破文中字词的难点与疑点。几经回合，一篇文言文的文字障碍基本清除，学生便能顺畅地将一篇文言文对译成白话文了。

实施文言文整体感悟阅读法，至少具有以下方面的优势：

整体感悟有利于快速而准确地理解文意，把握文句的难点与疑点，力避对文章语义的一知半解、囫囵吞枣。例如《桃花源记》中运用了大量的四字短语，如"落英缤纷"中的"英"怎样理解？根据语境，文中写到了桃林，本词中用上了"缤纷"这一写花的词语，便可推断这"英"字是作"花"的意思理解，而"英"在现代语中不具有花的这一义项。

整体感悟性阅读有助于引领学生由表层理解走向深层理解，由再现性理解转向重建性理解，从诠释性理解进而走向创造性理解。《勾践灭吴》中有语："当室者死，三年释其政，支子死，三月释其政,必哭泣葬埋之如其子。"学生凭借注解理解了"三年释其政"中的"政"的意思,这只是对表层意思的诠释,但未能结合全文深刻品味其蕴含的情感与深义。我引领学生深入理解与挖掘,学生经讨论对人物评价道:"勾践当时一方面要休养生息,给老百姓一些实惠,另一方面更要富国强兵,要'备战备荒为灭吴'。'三年释其政'的背后正是为备战灭吴,刻画出一个不忘国耻、忍辱负重、卧薪尝胆、机智娴熟的政治家形象。"这个评价体现了学生对文本语言信息的深层理解,体现了文本语言信息和学生原有的知识储备、生活体验的有机结合。在整体感悟的基础上去突破字词障碍,把握文本的主旨,学生便收获了提高阅读文言文的能力,获得了历史与人文的情感体验。

整体感悟性阅读,是学生学习文言文过程中的第一个环节,是学生独立、自主的个体活动。如同游泳,先视察整个水面,摸清底细再下水;如同登山,先整体把握山势、山位、山形,然后择道上行。整体感悟性阅读充分发挥了学生的主观能动性,让学生在自我阅读中去发现文本的精妙,粗略把握蕴含于文本中的思想感情,筛选出文本中的字词难点疑点,确立听课中要突破的主要问题,与老师的讲授重点与释疑要点无缝接轨,这样便大大提高了课堂求知的效率。

在整体感悟阅读教学中,充分体现了以学生为主体,教师为主导的教育思想。教师在课堂教学中要紧紧拧住牵扯学生思想风筝的线,让学生的思维风筝在课堂的上空自由游弋。这样才能让学生获得课堂教学的快乐,收获有限时空里无尽的知识信息。

与物理老师谈物理教学的生活化

我听了一堂本校老师的物理课,这堂课讲蒸气蒸发的物理现象。课后物理老师们开展了教研活动,从这堂课延伸到物理实验。大家认为我们农村中学实验室设备简陋,许多实验无法进行。这引起了我的深思,我觉得许多物理实验就不必在实验室进行。应当把物理教学与生活紧密联系起来,因为生活中无处不存在物理现象。并且只有把物理课堂延展到生活中去,才能引领学生去探索生活中的物理,去解释生活中的物理奥秘,从而激发学生对物理的浓厚兴趣,从而培养学生的探索精神。

我谈到,物理是以实验为基础的学科,物理的定义、定理、规律都是在大量的实验和实践活动中归纳出来的。实验并不局限于实验室的常规器材,也可以使用人们日常生活的现有物品。例如讲声的传播,可以利用闹钟,讲声音的音调可以利用梳子和竹片,让学生明白原来生活中物理知识无处不在。

我说,物理实验生活化实在具有重要意义。

物理实验生活化可以有效地激发学生的学习兴趣。生活中的实验内容贴近生活,材料是学生触手可及、张目可见的东西,操作起来也简单,具有趣味性、亲切性。比如说,蒸汽熨斗。你有

智慧铸师魂

没有想过蒸汽熨斗是如何工作的？这又和物理有关。蒸汽熨斗的工作原理：熨斗中加入水通电工作时，把液态水转化为水蒸气，再由水蒸气喷到衣物上。在这个过程中，水蒸气放出热量再转化为水，这是一个液化的过程，其热量与水便把布料熨平了。又例如在学习大气压强时，演示马德堡半球实验时若几乎所有的器材都无法使用，我们也可以用生活中两个皮碗代替半球，同样可以验证大气压强存在的结论。

  讲到生活中的物理实验，老师们议论开了，说老师可以结合书本，同时跳出书本列举生活中存在的物理现象。例如当我们走在公园或柏油路上散步时，为什么我们有很好的抓地力，不会摔倒？圆珠笔是用油墨配不同的颜料书写的一种笔，但是你知道它背后的书写原理吗？手机能够打电话，你知道是为什么吗？……这些问题吸引学生去探索自然中生活中存在的无穷无尽的物理现象。有的通过实验去印证，有的通过阅读，例如可阅读《十万个为什么》去寻求答案。适当的时候，老师给出答案。例如，手机为什么能打电话？原来，手机通信是基于电磁波理论。简单地说，手机先将声音信号转化为电信号，手机再根据电信号调制电磁波信号通过手机的天线发射出去，经过电信运营商给你接通的讯道传输到对方手机，对方手机接收后再进行转换，变成电信号后通过扬声器发出声音。这样把物理的课堂教学引向生活引向自然，让学生广泛探求，处处设疑，所疑有"解"，学生自然兴趣勃发，求知良多。

  农村学校普遍存在实验器材不足的问题。把物理实验引向生活，充分利用生活中的实验器材，可以弥补学校实验器材不足的短板。瓦特也不是在实验室发现蒸气的动力的，而是从他外婆的普通鼎锅突突冒着的蒸气揭示出了蒸气的力量；牛顿也是从一个苹果的落地，发现地球的引力。人类对于知识奥秘的揭示，首先是源于生活。所以，将物理实验引向生活，具有广阔的可挖掘的潜力与空间。

物理教学可以培养学生留心生活善于思考的习惯。生活实验的内容和所需要的器材都来源于生活。这可以让学生认识到生活中到处都充满学问。在实验中，鼓励学生从自己身边发现题材，寻找替代材料进行实验，这使学生养成留心生活，善于思考的好习惯。例如在讲噪音的危害与控制时，列举和展示生活中的控制噪音的器械（消声器、耳噪等）有利于学生在以后的生活中留意观察生活中的物品，并从物理角度去研究它。其实，语文、数学、音乐、美术的课堂也在生活与自然中，一切学问都源于自然与生活。

物理教学可以引领学生贴近生活，加强对相应知识的理解。初中生心理发展正处于由稚嫩到成熟的过渡阶段，较之抽象思维，形象思维占优势。一般学习的内容要通过形象的实验才能更好地理解。学生通过生活实验能化教本知识的抽象性为形象性，从而熟化教本内容。

语文教师应当会写作

语文教师应当会写作,这是不可辩驳的论言。如果你不会写作文,那就从语文教坛退场吧,这是冰冷的说道。事实上,语文教师动不了笔写文章,这样的人不在少数,这是当前教育现状的荒唐。讲一个例子。有位语文老师要评职称,于是找我为他写述职报告。我说你还是语文老师呢,怎好开这口?你先写,写后拿给我看看。果真他写得杂乱无章,病句不少,至于语言的准确优美且不论了。我心里说,还评"中高"呢,评上了也是对"中高"绝妙的讽刺。这种状况,为数不少。究其原因,可列一二三。

首先,年轻教师都是从应试教育中走向教育岗位的。他们从小学到大学,一路题海,读书过程中就没写出几篇像样的文章,也没认真阅读过中外名著,积累甚少,对社会观察也甚少,从来没爱上过作文。自身不爱作文也不懂作文,又怎样引领自己的学生去写好作文?于是作文课上办法不多,出个题目说,大家去写吧。学生把写作文当成苦差事,咬着笔头苦思,结果牙膏肚子——干瘪,挤不出牙膏来,于是刚开头便结尾了。其次,语文教师没有养成阅读习惯,这是语文老师不会写作的重要原因。对语文老师而言,人生的过程便是阅读的过程。读中外名著,读古代文学，读现代文学，从书本中去提取写作的知识，领悟写作的诀窍。一般来说，每天坚持一个小时阅读并不难，一个月便可读完一部长篇小说。读中有思，思中有悟，悟中有写作冲动。如此坚持下去，读书破百卷破千卷，岂有写不成作文的道理？再则把教师写与引领学生写有机结合起来。命题后与学生用讨论的方式，研究怎样审题，生活中哪些见闻可纳入作文，采用什么样的结构方式，顺叙还是倒叙？这样梳理清楚了动起笔来思如泉涌，水到渠成。讲评课上学生的习作与老师的习作都和盘托出，来个点评，来个比较。在比较中发现问题，借鉴体验，自然获得师生一齐进步，提高写作能力的绝佳效果。

语文老师除了要养成阅读的习惯外，还要养成练笔的习惯，常写读书笔记，常写观察日记，常动笔写写散文、写写微小说、写写杂记、写写感悟，写多了窍门就有了，写作的门路就熟了。十年二十年，不经意的教学过程中便写成了几个文集或诗集。这是不难做到的事，关键是养成动笔的好习惯。这样不经意你便成了作家。试想，有你的引领，你的弟子还愁上作文课？必定爱上写作这玩意儿，跟着你玩儿着玩儿着，便得心应手，玩儿成了作文的高手。作文课命题要贴近学生生活。"凡事预则立，不预则废"，写作也是如此。动笔前要理清思路。什么叫"想清楚"？叶圣陶认为能够确切回答"为什么要写""该怎样写""哪些写在前，哪些写在后""读者能不能够明白"等问题才叫作"想清楚"。其中关键是"为什么要写"。想清楚后，写下提纲，然后按照提纲写。提纲越详细，也就是想得越清楚。提纲可以写出来，也可以写在心头（也就是腹稿）。不管"写"在哪里，提纲都要详细。详细的提纲就跟把零碎的东西合成片相差不远，只要把扼要的一句化为顺畅的几句，在需要连接的地方适当地过渡即可。

事实证明，语文教师只有爱写作、懂写作、会写作，才能真正教会学生写作文。试想，一个拳师自己打不出几路拳能教出拳手？一个钢琴师自己不会调弄琴键能带出高徒？任何一行门道都是这样。一个人要在事业上取得突出成绩，必须有看家本领，就是说要形成自己的有特别擅长的技能。俗语言，"没有金刚钻，别揽瓷器活儿"，能读会写就是语文教师的金刚钻。语文教师应当在写作园地细心耕耘，潜心治研，勤练笔，细雕琢，获取写作的体验、经验、快乐，绽放自己的作品之花。到了这一步，你才能做一名名副其实的语文老师。

教育行政部门常进行教师教学比武的活动，往往课堂教学居多，研究的是教师怎样教。我看，还要开展"教师怎样学"的活动。要开展语文教师的作文比赛，以赛促学，提高语文教师的写作水平，上了规模的学校（学生千人以上）一定要办自己的文学刊物（纸刊或公众号），让师生一同在这个文学平台做编辑、做作者、做读者，展示自己的优秀习作，互相交流、互相点评、互相借鉴、互相提高。就像武馆要有自己的擂台，农艺师要有自己的实验地，歌唱者要有舞台那样。

叶圣陶说，"语文教师经常写写东西很有必要"。记住叶老先生的话，在教学过程中经常练练笔，写教学体会，写读书心得，写自然景物，写身边人、事，写时政评论，一句话——以文载生活，以文载思想。不要走下讲台便手上拿起桥牌，拿起麻将，玩得昏天黑地，忘却自己的本业，甚至忘却自家有几口人——这叫玩物丧志，这是永远不能成为一名有思想、有修养、有语文素养的合格的语文教师的。

课文朗读的要素

能读会写,是语文教学的基本目标。语文教学中如果教师不领读,学生不朗读,这是不可思议的。"书读百遍,其义自见",可见朗读是语文教学中的重要环节。

课文朗读,着重要把握六个要素:

一、读中含情

文本,无论记叙,议论,还是说明,都涵养了作者的感情色彩。所以,朗读前要通篇浏览文本,基本把握文章的感情基调。这如同唱歌,首先要领会歌的感情色彩,是悲是欢,是喜是哀。只有把握了作品的基本情感,才能融情于声,打动听众。例如朗读《周总理,你在哪里?》一文,要把握对周总理无比怀念与崇敬的情感,才能一路寻求,一路抒怀,引起听众的情感共鸣。文本或嘲讽,或赞颂,或肯定,或否定,都要让听众有所感悟,引发共鸣。犹如流风拂过,或轻漾或狂怒或安逸或舒缓,要予人心灵的反响。"言而无文,行之不远",好的文章的深层内涵是靠朗读这个环节释放的。

二、音色清亮

音质,大抵是天生的。有的人天生童子声,是因为其声带长,所谓"天生丽质"是也；有的人声音浑浊，发出沙声，那是因为声带短，这是没法改变的。但是，音的情调与色泽是可以掌控的。冷色与暖色、喜乐与悲哀、高亢与低沉，这些变化是可以调节的。鸟的嘤嘤，牛的哞哞，水的哗哗，各具其质，在不同的环境中也可自我调控，何况人发声于心，更具情感因素。所以，在朗读时要依文含情，富有气色，尽可使音色清亮。

三、气息流畅

气息的根本在于三腔共鸣。即胸腔、头腔、口腔共鸣。朗读时要求学生或坐或站，姿势端正，挺胸直背，后腰有力，这样胸腔蓄力充足。同时，要放松双肩、喉头，呈舒缓状态，气流自然顺畅。情绪要放松，口腔开合要积极，声游舌面，自由圆滑。朗读时采用中音，既不低沉也不粗豪。还有唇部要有力量，开合自如不咧不紧，这样显得中气充沛，发声圆润。

四、轻重有节

文有重点段，段有重点句，句有重点词。在把握文意的基础上，要仔细揣摩各句的重点词是哪一个，重点词要重读，其余语气略轻。这样便于把文章的感情色彩和写作意图体现出来，也便于听众把握文意。

五、抑扬顿挫

所谓抑，一般指轻声，所谓扬一般指重声，所谓顿与挫，指句与句、词与词之间的停顿。轻重相间，连顿相依，如同山涧跳荡，或急或缓，或低或高，或清或浑，有机结合地流淌，便能弹奏出朗读的美妙音乐。

六、把握文意

这是朗读达到最佳听觉效果的关键。或文或诗，议论的文段要读得沉稳，记叙的文段要读得清白，抒情的文段要读得舒缓含情。读文读诗，还要把握语速，一般读文如叙聊，自然平缓，而读诗则更讲究技巧与艺术，一般语速要缓悠，再缓悠。

总之，朗读是语文教学中一项必不可少的门道，也是学习语文的目标之一。一堂语文课没有朗读这项活动，那是不可思议的。一个人读完了中学，将朗读化为点数字词，无情感、无节奏、无活力、无生气，也是不可思议的。如果能声情并茂地进行朗读，让听众像是在倾听山泉流淌，像欣赏悦鸟鸣唱，像倾听器乐弹奏那样舒心放松，那朗读便可打优良分了。

智慧铸师魂

初中语文自学能力培养策略探索

学生学习能力培养有多个方面，核心是自学能力的培养。在多年的初中语文教学实践中，要想取得良好的语文教学成绩，要在指导学生自学能力上下功夫。换而言之，就是学生自学能力强，语文学习成绩就好。为此，我总结要培养学生语文自学能力，落脚在"探究"学习上，我谈谈自己的想法和做法。

初中语文探究学习就是学生在老师指导下，以类似研究的认知方式和心理过程进行学习，对语文学习过程中遇到的问题进行深究，并在深究的过程中主动获取知识，应用知识，解决问题。

一、巧问布疑，激发探究

作家启凡曾说："发问是思想的初步、研究的动机，一切知识的获得大都从发问而来；新发明、新创造也常常由发问开端。"学起于思，思源于疑。质疑是思维的导火索，是创新发明的基础，是学生学习的内驱力；问是学生学习的动力，是学生学习的起点，是点燃智慧的火花。巧妙设障布疑，把学生置身于探究问题的氛围中，能诱发学生自己发现问题、提出问题、分析问题、解决问题的欲望。由此可见，教师要巧妙设计出各种能引发学生探究的问题。如：引起学生认知冲突的问题，认知冲突会引起学生的注意和关心,从而调动学生探究的积极性;触动学生内心体验的问题,在教学中老师要注意发现、引导学生的内心体验,注重学生内心体验的探究往往更容易使学生沉浸其中。

于漪老师在教《孔乙己》一文时,就很注重布疑巧问。她一开篇就向学生布疑:"孔乙己姓甚名谁?"这样一看似简单却又难以一下子回答的问题,很自然迫使学生认真的思考,教师在此基础上,顺势引导学生认识孔乙己没有名字的深刻性,解决本文的教学难点。可见,抓住契机,布疑巧问,会让学生主动积极的探究。

教《死海不死》一文,教师可一开篇就向学生布疑:题目中的两个"死"是什么意思?"死"与"不死"矛盾吗?文末又说"死海真的要'死'了",这个"死"又是指什么?这一番布疑,势必能激发学生对文本的兴趣,并急切地探究课文寻找答案。最后,当学生理解了"死"的三个不同含义时,也掌握了死海的特征以及形成的过程。本来一篇看似枯燥无味的说明文却能使学生学得饶有趣味,关键在于教师如何结合教材实际,抓住突破口,把它转化成学生感兴趣的布疑巧问。

在巧问布疑时,教师还要教学一些生"疑"设"问"的方法。如:"类比生疑"(在同类的事物中找出不同,探究原因,得出自己的结论)、"联想生疑"(从课文中的某一知识点或课文的某一触点开展多方面的联想,从而发现问题)、"对比生疑"(在对比异同中发现问题,进而找到理解事物本质的关键)、"寻因生疑"(借果推因,多问一个为什么)。

二、创设情境,引发探究

心理学研究表明,良好的心境可以使人联想活跃,思维敏捷勃发，浓郁的激情能充分有效地调动学习智力因素，释放巨大的学习潜能，极大地激发创新积极性，而良好的心境来自民主、和谐、平等的教学氛围。只有在这样的氛围中，学生才能积极主动地进行思考探究。因此，教师要善于创设这种教学情境，让学生在良好的心境下进行自主探究学习。

在《我的教师》教学时，教师可要求学生做一个游戏：闭上眼睛，用力堵住两耳，合住嘴，不能发出任何声音，时间为2分钟。2分钟后，游戏结束。教师要求学生谈自己的感受。之后，教师导入："这种滋味确实不好受，这种滋味就是失明、聋哑后的感觉，一个人处于这种状况，真是生不如死，可就有这么一个人在这种痛苦的深渊里被一位老师用科学的教育方式塑造成了一个举世闻名的教育家、作家，她还学会了说话，这个人就是海伦·凯勒，那个可敬的教师就是安妮·莎列文。"这个设计非常巧妙，将学生置身于亲身体验的情境中，引导学生感悟、发现，引发探究兴趣，为下文的学习奠定了感情基础。

三、提供机会，激励探究

传统的语文教学方式是教师讲学生听，或者教师问学生答，时间都被教师的"讲"或"问"占有，学生被老师牵着鼻子走，失去了读、悟、思、问的机会，成了教师灌输的容器或被老师摆布的机器人。这种教学方式忽视了学生的主体意识，不利于培养学生的自学能力。新的课程改革要求给学生提供机会，给学生充分的自学、思考时间，让学生自己去读书、去感悟、去思考、去探究，让学生这个学习主体独立感受和驾驭文本。

有位教师在上《伟人的细胞》时，要求学生第一遍自读，感悟探究：贾里的伟人细胞表现在哪里？第二遍自读，感悟探究：

为什么贾里实现伟人的三次计划失败了？第三遍自读，感悟探究：贾里意外成功的原因是什么？每一遍自读，教师都不急于让学生回答，而是给足学生读书和探究思考的时间。有的学生探究思考得不理想，教师就让学生多读几遍。有时要求默读，有时抓住关键情节齐读、范读。由于学生有自主读书、深入思考的时间，因此在交流时，学生有话可说，甚至连平时不常发言的学生都提出了一些问题，获得了较好的效果。这样的探究，可以让学生在课堂上找回自我，发展个性，充分调动学生自主探究学习的积极性。

四、展开想象，引发探究

想象是指在原有感性形象基础上创造出新形象的心理过程。无论是创造想象，还是再造想象，都是探究。引发探究就是将学生的语言学习由探究现实存在的问题引向探究虚拟假设的问题。

教授《背影》望父买橘一段时，可设计这样的疑问："谁能结合自己的生活体验，依据课文望父买橘的描述，用自己的话描述'背影'的形象？"

学完《皇帝的新装》，可设计这样的提问："假如皇帝发现自己上当受骗，他会如何对待两个骗子？如何对待大臣和说真话的孩子？"

以上两课提问设计都要求学生展开想象，前者是再造想象，后者是创造性想象。前者的提问能够唤起文中"背影"形象的鲜明性、生动性，在某种程度上能填补作品本身的空白，学生思维的广阔性、深刻性得到充分训练；后者可以说是为原文续编一个新的结局，是对阅读中语言符号所唤起的表象进行再加工，进而创造新的形象，是对作品主人公的将来进行推测。这不仅能加深学生对课文主题的理解，还能培养学生的发散思维能力和创造

智慧铸师魂

能力。

探究学习不仅是一种学习策略，也是一个重要的学习习惯，是会思考的一个重要指标。要培养学生的自学能力，教师一定要构建"探究"学习的教学策略，一定要督促学生养成"探究"的习惯。因此，落实探究学习的关键在教师。

感悟经典篇

他的心灵是诗的寓所

我与陈荣华是诗识。没见过面,没谈过心,但诗把他的心托在手上。

记忆里,我曾在报刊上读过他的诗,这次是批量读,是读西南师范大学出版社出版的诗集《好运》。

从计划经济向市场经济转型,不少精神产品金钱化了,而诗这精神产品却依然精神着,甚至可以说:更精神了。诗人生产诗,只有付出,付出钞票,难得有物质回报。然而,还是有诗痴,有许多诗痴,对此,我不禁想从文化的角度去思考。

为了自身的生存与发展,人类有两种需要与现实需要的能力。一种是物质的,一种是精神的。就精神需要说,含有精神生活、精神产品的生产与生产能力、精神享受。诗歌,是人类为满足自身精神需要而产生的。当然,爱诗并且生产诗的仅是人类中极少的一部分。他们的脑细胞会有些特殊的构造,有的可能与遗传基因有关,有的可能与青少年段的环境氛围有关。无论怎样因由,诗人都是特别重视精神需要的。这种精神需要具体体现为:一、诗的写作可以使他们实现由心态的不平衡到平衡;二、诗的写作可以使他们施展艺术创造才能并获得创造的愉悦;三、诗的写作本身和读自己的诗（特别是新写的）都是一种精神享受；四、把自己的诗经过媒体扩散到社会，为社会、为人的完美做出贡献，是个体之社会价值的一种实现。

荣华写诗不止，想也是自己强劲的精神需要。

荣华的诗都是自己在社会实界酿育的诗情的流泻。他多愁善感，无论在家庭、在社会，无论对山、对水、对花、对树，总会心为之动、情为之漾。他有一颗诗心，如他向缪斯倾诉的："我心灵的寓所/定居你的笑容/你的每一束目光/都艳丽我的季节。"如果他的心灵不是缪斯的寓所，哪能出手这么多呢！

《好运》这集子是荣华心灵情愫的物化库。亲情、爱情、乡情、友情、学情、童情、哲情……林林总总。种种情愫，都濡染着传统的但又具有当代光彩的中国文化精神。如《月夜》："弯月如舟/那舟上/住着捕鱼的嫦娥//我好想坐进弯月/在银河里/打捞星星鱼/给多病的爷爷补身子。"如：《父与子》："一提起笔/笑眯眯的父亲/就站在我的笔尖//父亲一生/从没走出过那些耕地、村庄/和油盐酱醋茶//走出父亲额头的儿子/却在山城/蔓延父亲的期冀。"无论思维圈还是情思质都是中国的，都凝结着我们的伦理观念，道德观念，善与美的观念。

荣华的诗都是小诗，诗不在大小，首先得是诗。他的诗大多情真、意真、理真，富有真挚感、明净感，有的还有几分幽默感。他重视营造意象，也注意变化构架，有些诗挺靓。如《树》："挤一块版面/于乱石丛中/发表绿色的宣言//不管别人怎么读/在季节里/依旧吟哦绿绿萁萁的绝句"，就是以总体象征构架，暗示自己的人格精神。如写别后相思的《两地书》那意象："你的影子/像一只蜜蜂/在我的梦萦/酿蜜"就又新颖又耐人品味。

智慧铸师魂

荣华有首诗，题曰《我只顾走路》，说他只顾走路，走自己的路，"不在乎别人的眼睛，也不再左顾右盼"。这路该包括诗路。写诗就是要走自己的路。如果没有主见，今天听这个评论家的，明天听那个评论家的，见这个主义搬点儿，见那个主义学点儿，最后就失落了自我，不会有自己的诗。这并不是要作自我封闭。还是要广开视野，但一定要以我为主，独立思考，走自己的路，写自己的诗。不过，我还想说与荣华，思想与艺术路子还是要开阔些。

生命里面葆有诗，就葆有活力、创造力，诗吧，荣华老师！

诗意天籁之音的歌手

我和蔡老谋过几面,但至今没有搭上话。缘于复印中考试卷,我在佳美打字社,有幸拜读了还未装订的《人生的驿站》,一上手,便津津有味起来,眨眼就到了吃午饭时间,五百多首诗词就这样拢进了记忆的仓库。展现在读者诸君面前的这卷《驿路风韵》,是蔡老的儿子蔡仁化先生几经遴选的佳作,用心良苦,足见其为人之真之善之诚。

蔡老正是这样的歌者:他的诗词和他的人生浑然一体。他的诗词就是他的人生;他的人生就是他的诗词。

我始终这样认为:诗人,不应当是一种职业,不应当是一种事业。因为,真正的诗,无非是人生经验的结晶,无非就是心灵不由自主的呼喊。

蔡老寻求经过审美化、艺术化、诗化升华的人生。蔡老的一生都工作在基层,他的足迹踏遍了宜章的山山水水、村村寨寨,也涉足了大江南北,长城内外,他的生活抹上了艺术的绚丽光彩。众所周知,诗词是内视艺术,是心灵现象。主观性是审美的基本特征。主观性对写诗提出了很高的要求:写手要拥有一个富于诗意的人生。写手自己有美的情怀,深刻的悟性,他才能成功地化世界为诗，才能成功地与时代的美学理想，与读者新的审美精神，实现内在的适应性。

蔡老的诗行，正是从诗意的人生流淌出来的。从20世纪50年代到现在，他苦心经营的五百多首诗词，是一条波动的江河，不停地流向艺术的远方。但是，六十多年的作品，始终有一个共同的品格：它们默契着时代的主旋律，呼唤着爱与真诚，它们是有人生、有味的诗词。

唯其是有人生有味的诗词，所以，它不需要雕琢装饰，不屑故作深奥，而有朴实无华的风度。花开草长，鸟语虫声，清水芙蓉，云因行而生变，水因动而生纹，一切都如此自然，如此真实，如此真切。

朴实无华是对读者的爱与尊重。一首诗词就是一个有待于读者完成的、具有某种未定性的开放性思维。优秀的读者都是半个"诗人"。读者介入审美创造的过程，就是诗词实现自身价值的过程。好的诗词正是在读者的不同介入中，获得永无终结的美学效应的，而初感是读者介入诗词审美创造过程的起点。由初感出发，在周而复始的吟咏和玩味中，读者的感知与理解，建立在彼此促进的心理联系上。朴实无华的诗词，给予读者明确、明朗、明亮的初感，读者便"不隔"。

朴实无华是一种很高的艺术境界。蔡老在"快乐的折磨"中走向这种境界，走向"艰辛的愉快"。

"成如容易却艰辛"。蔡老的朴实无华的诗篇，是真正有发现的作品，它们是浓后之淡，巧后之拙，有大技巧，有丰富的内容。《驿路风韵》中的作品，有强有弱，但每一辑都在蔡老的艺术水平线上。这样质朴的诗，读者易懂，但蔡老未必易写。比如"二千年后"的《人生》：

莫道人生枉梦痴，
高低贵贱赖天时。
功名利禄空归去，
苦辣酸甜费悒思。
悲喜离合皆认命，
暗疾疼痛心觉知。
悄然来世匆忙走，
多少灵魂成隐私。

八个诗行，明白如话，但是，这首诗的瞬时性、哲理性的光亮多么迷人。蔡老以全部人生经验，发酵出一时的景观。从这一时的景观，读者走向哲理的意蕴，走向自己的人生经验。

蔡老的这卷《驿路风韵》按照年代排列，每十年为一辑，每一辑都有鲜明的时代色彩，都具有历史感与厚重感。如20世纪50年代写的《土改》：

乐水碧浪飞流涌，
田土改新举大旗。
大元畔田齐鼓动，
群众农会如磐石。
依靠贫雇显威力，
团结中农出效绩。
清除匪徒斗地主，
荡涤封建旧风习。

走进诗行，读者仿佛亲历了当年的"土改"运动，融入了发动群众，分田分地，清匪反霸的大潮中。上了岁数的人，还会勾起往事的回忆，不由自主地戏说当年，甚至连正在念初中的娃娃，也会情不自禁地联想进历史课本。

再比如20世纪80年代的《贺新婚》：

恩深爱深，情真意真，景物因人换新，白头伴终身。风清月清，顺心快心，迎来楚天云晴，小楼一色春。

这样美好的祝愿，要是在20世纪六七十年代，蔡老是绝对经营不出来的。从个人的角度来说，《驿路风韵》称得上是一部史诗，是一部有意蕴的史诗。

寄情山水的蔡老，在《驿路风韵》里高歌得最多的是水色山光，痴情得最多的是宜章的独特风景。《游汾市》《咏高明铺》《平和山水》《登黄岑》《天塘》《莽山孟坑石》《梅田吟》《游莽山泽子坪》……蔡老每到一处，有歌发自肺腑，都有美的发现，都有独特的灵动，都有绚丽的色彩：

春来升雨露，秋去降霜逢。　　　——《咏亭》
秋寒冬雪满山俏，春暖夏凉遍地花。——《咏高明铺》
雨露连彩袖，润石溶林青。　　　——《香泉》
烟雾缠绵兰竹秀，雨声滋润绿叶葱。——《莽山孟坑石》
雨过南岭浇谷穗，雾飘江水润花香。——《梅田吟》

够了，够了，再堆，就会迷人眼了，要是痴得流连忘返，岂不盼焦牵挂的芳心？其实，这样的诗词俯首可拾，满纸皆是。独具匠心的蔡老正一景景地展示给到过宜章，抑或正赶着路的"徐霞客"们观赏。侃到这里，我由衷地赞叹《驿路风韵》真是一卷人见人爱的"画册"，想不爱不释手都难。

正因为如此，才有诗意的丛生，才有情不自禁的絮絮叨叨。

家风是卷耐嚼的史诗

刚太先生终于要给后辈留下一笔宝贵的精神财富了，很快地，一叠厚厚的"足迹"便沉甸甸地展现在我的写字台上。早些年就商量好了的，这卷"句号"之作不能少了我的锦上添花。

男孩儿成人之后，成家便提到了计事议程上来，踩矮门槛的都是媒婆的脚。成家的准备，虽然一代代有些许不同，但承袭的那部分，无论怎样发展，无论怎样变革，其家族固有的精粹随着遗传基因存活于世，形成一种为人处世的方法，形成一种习惯，形成一种正能量的教育要素。这就是为世人津津乐道的家风。

不错，刚太先生出生于农家门第，其足迹带有醇厚的泥土气息，其音符粗犷而雄劲，其为人刚正而大度。在深深浅浅的足迹里，不同年龄、不同文化、不同个性的人，都能吟出不同的感叹，都能收获不同的感悟，这正是刚太先生写作的初衷，这正是他创意的目标，这正是他做人的真实写照。

综观刚太先生的大半辈子，起步于幼学，其父母是最好的老师，在足迹里，原原本本地记录下来了，成为一生的叮嘱："便宜不要，浪荡不要，不该自己的，千万莫要，不要贪便宜。"透过朴实的话语，人们不难感受到其父辈的良苦用心。

智慧铸师魂

　　苦也是人生不可或缺的珍贵阅历，大凡有所作为者，无不苦其心智，劳其筋骨，饿其体肤，空乏其身。从刚太先生的阅历里，五味里的这一味落了颇为重要的分量，如果刚太先生生来怕苦，也就没有后来的那番大作为了。从那个时代熬过来的人还清楚地记得，不少人受不了磨难，即便走出了山路，很快地，又回归到脸朝黄土背朝天的日子。可见，人生的奔头是什么时候也缺不得的。

　　现代人不太认可挫折教育，好走一帆风顺的路。世界上哪有那等好事！从刚太先生的足迹里不难看出，他的每一脚虽然中规中矩，也不乏坎坷，也不乏惊险。因为世界是多元的，任何人都不可能随心所欲，说到底，要学会服从，要学会顺从。这服从，这顺从，不是命运的安排，而是组织的召唤，这一点，应该是刚太先生一生的经验之谈，称之为结晶也行。

　　刚太先生浓墨重彩的一笔当数一本《唐诗三百首》，他吟了半辈子，活用了半辈子。尤其是退休之后，他用心写人生，经营大批量的新诗旧词，每一首都有他的个性，都有他的感悟，都有他的呕心沥血，大凡走进《旅途拾零》，走进《行走尘缘》（与他人合集），走进《心灵之歌》，走进《岁月之歌》，走进《心灵的跃动》的读者，都会百般喜悦，爱不释手。

　　文到酣处话便少，真的不想再絮叨了，我只想强调一点："人生在世该做什么，不该做什么，该做什么样的人，才有利于人类社会。"贯穿刚太先生的一生，这正是其家风耐嚼的魅力所在，我必须为他点赞！

不凡的喉歌

当荣华老师向我推荐的时候，我有些漫不经心。我不是诗人，但喜欢读诗，喜欢与诗人交朋友，听他们海阔天空地侃。我和陈仲华是见过几面的，二十多岁的小伙子，商场的小老板，我拜读他的批量诗作《陈仲华诗选》后，真的对他刮目相看，"骚客"做到如此不俗的境界，在本土的的确确是屈指可数的。

一连两个月，我都在他的诗里忙碌。我有个习惯，捧书的同时，也把笔抓在了手里，或圈或点，兴之所至，还要在诗作旁边胡言乱语一些感触，尽是一些难登大雅之堂的俚语。作为《跳动的喉歌》的第二个读者，我蛮想调侃几句，也特想与作者、荣华老师沟通。

一

仲华是颇有思想颇有才华的诗人，和所有的年轻歌者一样，第一是言情，第二是言情，第三还是言情。仲华也是一位多愁善感的情种，他的心田简直就是一所情的物化库，爱情、亲情、学情、友情、商情……种种情愫聚成溪、聚成河、汇成海，潮涨潮落诗人的激情。

在这卷《跳动的喉歌》里，男欢女爱的吟唱占了一大半的篇幅。仲华是会爱、善爱的歌手，从不轻饶《我的笔》，《每当想起你时》就在《梦》里《倾诉》，《如果没有你》，要是《三个月没有见到你》，就会天天《想你梦你》，那情那爱可谓深矣，深在血脉里，深到骨髓中。

目光在《爱情》上流连了好久，那句，也只有那一句的这首诗让人生出百般感慨。《险峰上的美景》的的确确是无限风光在险峰的真实写照，每一个过来人都会津津乐道触动的那根心灵之弦。

爱，令人癫、令人狂、令人痴迷。仅仅是心灵的倾诉是不够的，还要一而再再而三地面对心上人乐道《爱情的表白》，以博取她的欢心。《如果》聚少离多，也只能《天涯咫尺》了，于是便生出《寻找你的影子》，于是才乳化成《我是一只蚊子》。在爱的表白里，充满诗意的是《遇上你前后》，变化之大，令人咋舌，最难为情的是，《当爱来临时》还要导演《北冰洋的故事》，冷得人直打战。你说是不是《傻瓜坏蛋》，时而将女友当作《北京小吃》，时而高歌着《我是一只蚊子》飞到北京去吸食血液。

二

诗歌是诗人激情的喷发。日常生活的点点滴滴，善感的诗人都会为之心动，哪怕是一草一木，都会触动那根诗弦，都会弹出诗的最强音。

只有诗痴才会《梦里吟诗》。此话不假，日也是诗，夜也是诗，除了诗还是诗，不成诗癫还能怎的？诗的《种子》开花结果了，《跛脚的诗人》不知又要煎熬多少个《无眠》之夜。

怀是不能不抒的，特别是憋不住的时候，面对《乌云》，面对《古枫》，特别是《古今诗人相遇》那刻，能不竹筒倒豆子般快言快语？说实话，讴歌古枫不难，赞美乌云不易，需要勇气，需要知识，需要抵御世俗的冷眼。

诗人是擅长想象的，竹本无言，却横空生出许多《竹怨》，不能不佩服诗人的奇思、诗人的异想。那对翩翩起舞的《蝴蝶》连陶翁都自叹不如呢。

无论《我是一棵小树》，还是《我是一条小河》，都是有理想有抱负的，都是懂得感恩的，小树要回报滋养我的黄土，小河要流入田野流入工厂，正如诗人要融入社会的大潮，唱响爱民爱社会的主旋律。

三

仲华又是一位敏感的敢爱敢恨的诗人。关注生命关注大自然直面人生始终是仲华诗歌的一面旗帜。那位十八岁的姑娘在八层楼上一跳，便落花般凋谢了，满纸的同情和怜悯。诗人没有过多的议论，旨在警醒人们关注脆弱的群体。这首诗从事件发生到创作完成仅隔两三个小时，其敏锐性可见一斑。诗人极尽讽刺之能事，针砭不良现象。在《苍蝇醉酒》里，在《污浊的天空里》，浓泼艺术的墨，勾勒贪得无厌的苍蝇，并毫不客气地预言苍蝇的可耻下场，真可谓针砭时弊入木三分；至于《污浊的天空》，连神仙都病得叫苦连天，何况凡人呢？难怪玉皇大帝要怒发冲冠了。污染环境，干着的是断子绝孙的勾当。诗人虽然没有这样吼出，但透过字里行间，细心的读者不难读出。

对于《敲呀敲呀敲》的网虫们，诗人是颇有微词的。网虫们痴迷于虚拟的世界，不分白天，不分黑夜，爱呀，恨呀，情呀，仇呀……一切都浓缩在小小的键盘里，到头来，除了敲出太多的"无聊"外，所剩的便是肚里的东西越来越少了，这少，自然包括食物，包括文化，包括修养。

在这卷诗里，给人印象最深的是《柳七》，大跨度地写了他的一生。或许同是文人的缘故，诗人哀其不幸，恨其不争。那么大才的文人因一两次挫折便萎靡不振，整日沉溺于风花雪月。柳七的不幸是那个时代的不幸，也是文化人的不幸。诗人归结于是当时那个社会害的，足以展示诗人的是非观了。

四

《跳动的喉歌》既是灵动的，又是艺术的，更是经典的。诗歌是语言的艺术，容不得拖泥带水。诗人在经营诗歌的时候，是下了大气力的。

在这卷诗里，还有一些令人爱不释手的东西，像前面提到的《爱情》一样——"险峰里的美景"，就这么一句。仅仅是一句吗？不同阅历的读者会感悟出不同的内涵来，文思泉涌的读者一经触动，说不定能"涌"出一卷散文或小说来。这便是诗人们平日里弘扬的诗的多元，理的多元，感悟的多元。

这样的小诗有许多，其典型的代表有两组：其一是《汽车拾趣》，其二是《象棋拾趣》。这两组诗有一个共同的特点：两语三言，横生一个"趣"字。

小诗是可遇不可求的。麻雀虽小，五脏俱全，既然是诗，就应该具备诗的资质，其形式，其意境缺一不可。

小诗是有趣味的，也是含哲理的。无论是《方向盘》，还是《离合器》，抑或《排气管》，想不哲理都不行。仲华的许多诗都哲理在诗末，这也是他诗歌的一大艺术特色。

玩味得最久的是《象棋拾趣》，将、士、相、马、车、炮、兵依次粉墨登场，诗人极尽其特长之能进行蜻蜓点水般的评价，给读者留下了纵横驰骋的空间。细心的读者，千万别对号入座，不管你是兵也好，官也罢，总会生出或喜或怒的情感。

小是短诗的特征，不要因其小而漫不经心。小诗最见诗人的功力，小诗最有嚼头。那首《哈巴狗》就那么两行，完完全全口语化：人家喜欢你，是因为你永远长不大。长不大好啊，可以尽兴地逗玩；长不大好啊，不用时时刻刻设防；长不大好啊，能滋生视觉上的享受心理上的包容……一路拓展开去，就可以成大诗，成鸿篇巨制。这正是小诗功能的集中体现。

五

仲华就是仲华，他的诗有他的诗风，他的诗有他的诗格。仲华是读了一些古典诗词的，古风古韵在他的诗作里时常出没。长短句的交叉，韵律的调配，口语化的诗句构成了仲华诗歌的诗体特色。在《同窗》里，在《项羽》中，乃至于《赠海锋》的诗行，或七言或五言，那样整齐规范。有律诗的印痕，也有绝句的印痕，更有词的风范，但又不是律诗，不是绝句，更不是词，是不拘泥平仄韵律对仗的自由体。

读仲华的诗，令人轻松令人诗意令人聊发少年狂。仲华是年轻的，他的诗也是年轻的。诗里涉及的人和事，不会给人以苍老的感觉，即便写厚重的历史，波动的依旧是那颗年轻的心。从这个意义上说来，仲华的诗是年轻的。

年轻的诗有年轻的特质，小孩读了活泼，少年读了天真，中年读了开朗，老年读了还童，没理由不喜爱这样的诗行。

六

诗的成长和人的成长一样，是阅历垒出来的。阅历越丰富，体验也就越深刻。在诗界，有愤怒出诗人一说，也有坎坷出诗人一说，都是前人经验的结晶。

在商场打拼的仲华，自然会接触商界的各色人物，自然有经商的喜经商的苦经商的痛，生活的拓展，思想的深邃，自然会引发仲华诗歌的升华。诗人最难能可贵的是超越前人和突破自己。

掩卷遐思，感觉有关现代的科学的东西少了些，诗歌是不能没有当代科技信息的。愿仲华在今后的诗路中，触角长一些，感悟深一些，哲理更诗化一些。

"沉舟侧畔千帆过，病树前头万木春。"不知为什么，突然想起了这么一句伤感的东西，百感交集。既然不期而遇，就给它安一个去处吧，树成路碑，总是不错的。

百景百味韵千古

一本好书成就一个孩子,一本好书成就一个家庭,一本好书成就一所学校。《宜章百景》就是成就孩子、成就家庭、成就学校的好书。

《宜章百景》是为构建宜章大旅游而编撰的。2021年的党代会上,县委书记张润槐提出了做美生态环境,构建"百景宜游"的主张;县长邓生华在政府工作报告上提出坚持把红绿融合作为第一张名片,这才有了县委宣传部的运作,这才有了县诗词楹联协会的呕心沥血,这才有了相关部门、乡镇的倾力配合,这才有了平均年龄67岁之老年团队的采风群像。

一

《宜章百景》由对联、绝句、律诗、词及百字文组成,并配以景点独具个性特色的彩照,这样的编排式样,据我所知,在国内同类作品中纯属首创,彰显出宜章诗词界独具匠心的创意,在宜章文化史上增添了浓墨重彩的篇章。

《宜章百景》由莽山风光、骑田风韵、红色风范、乡间风情、人文风貌、现代风采六个板块组成,山清水秀的宜章,为绿色文化奠定了雄厚的基础;宜章是中国革命的发祥地之一,"年关暴动"震动九州,许多共和国的重要领导人都在宜章撰写了绚丽的篇章,从而使得宜章成为红色风范的标杆。都说好诗在民间,这话一语中的。"美景在乡间"的俚语不容置疑。本土虽然较北方拓荒得晚,却也留下了目不暇接的古色风貌。最赏心悦目的现代风采,它是宜章经济社会发展的必然产物,颇值得文人墨客大写特写。

二

我尝试过创体诗词歌赋,也经营过喜庆联对,虽然没什么建树,却也有过刻骨铭心的体验。

写诗词难,写对联更难,多则百余个字,少则十多个字,看图凝联,看图作诗词,吃透景致是第一要务。我吟咏的唐诗宋词,没有一万也有五千,诗诗扣景的并不多见。骚客们当记得熬夜的日子里,饱尝了炖诗的艰辛。据说诗人陈荣华一首《循环基地》,竟然打磨了半个月,仍然拿不出手。也难怪,他学的是文科,踩进基地,两眼一抹黑,看得见的是荧屏,看得见的是一管又一管的串联电话。在这里,我无意于评价词的优劣,单是他的那份敬业、那份执着就令我扼腕赞叹。

一路哼来,时而兴高采烈,时而拍案叫绝,时而与图片比对,居然没有找到"放之四海而皆准"的作品。先前说过,我读过不少诗词联对,一如朱自清的《春》,囊括了华夏大地的角角落落,放到哪里都恰如其分。我绝对没有贬低朱老的意思,只是认为,写某个地方就要写透，写活，写出它的独特神韵。比方说哼桥，中国的古桥都大同小异，如果诗词联对里的桥，放到哪里都合身，实在令人有些形同嚼蜡了，那滋味说不得，说不得！

值得庆幸的是，《宜章百景》里的诗词联对，异于唐诗宋词，也异于当前流行的诗词联对杂志作品，彰显出了宜章骚人的个性追求和别样的情怀。

三

我称《宜章百景》是成就孩子、成就家庭、成就学校的好诗，当然有自圆其说的理由。七年前，一个诗缘绝巧的机会，我弄到了四本2019年版的《宜章诗韵》，分别给了四名读小学四年级的学生，他们现已升入初中，据说，那四个孩子在上学年的一期中考试中，总成绩没有一个低于700分的。他们的经验是有空就读《宜章诗韵》，一千二百余件诗词联对最多的读了六个轮回，读来读去，语言就精炼了，形象就立体了，大脑就越来越开窍了，也从侧面印证了"熟读唐诗三百首，不会作诗也会吟"的老话。实际上，我对这个老话也是颇有些看法的，那四个孩子，逢年过节出口便成章，于平仄，于词性全然不悖，连我这名老读者都有些汗颜。

扯远了，立即回到《宜章百景》上来，这辑《宜章百景》出现了好多陌生面孔。不少熟悉的诗人，有的上了一两首，有的连大雅之堂的入门券都没有捞到，先前的《宜章诗词》他们倒是颇活跃的，这回竟至落选了。众多的新面孔是来自省市的老手，他们是各诗词楹联协会的骨干，称之为顶尖高手也不为过，有他们的助阵，《宜章百景》里的诗词联对顶呱呱也就在情理之中了。

　　我曾有过这样的想法，那是在读完所有诗文之后，如果上级主管部门认可，如果学生家长支持，如果爱心人士赞助，如果全体学生配合，可将《宜章百景》纳入"乡土教材"，进行校本教研。不出三五年，以语文为龙头的学教大课堂将以崭新的风貌出现在学苑里，成为可圈可点的华章。要晓得，《宜章百景》其自身正是可遇而不可求的老师，千年等一回哩。

四

　　头有些晕，不是读诗词联对读的，而是想到当下。我们读书那会儿，预备铃一响，歌声就震天响，校舍都要摇三摇。精神是那样振奋，情绪是那样饱满，45分钟下来，还是那般亢奋。好些年没有领略那令人缅怀的风光了。有老师提议，预备铃一响，来一两首《宜章百景》的诗词联对，学生们肯定热血澎湃，神采奕奕。我摇头也难，点头也难。把这个皮球踢给孩子们，让他们自己做主，让愿者先行，形成从者众的大格局。

那水那山那浪田，

红红火火忆当年。

硝烟堵剿凌云志，

火种刀耕撰巨篇。

无来由，又哼响了《红军田》，我就是偏爱这首口语化的诗。

农奴聚义起宜章，

晃晃梭镖刺远天。

莫谓湘南侧五岭，

骑田岭上瞩中原。

不等我停嘴，奶声奶气的童稚撞响我的耳鼓，我不由回过头去一探究竟。原来是邻居家的"红领巾"在亦步亦趋。

也想建诗墙，镶红诗，让学生熏陶红色文化，传承红色基因，苦于没有本土的蓝本，这回好了，得来全不费功夫！

五

这些年来，我们丢失了好多人文的东西，一如房子，才过了二三十年，便推倒了重建，都是喜新厌旧作祟。现代建筑，除了漂亮，依旧是漂亮，细究文化，是那样的肤浅。

祖德陇西堂，千里花开落义章。良相烈忠英武绩，辉煌。狮鼓护门家庙昌。

功就始还乡，南廓城关溢彩芳。子孝母慈天下敬，安详。李氏兴隆百世长。

天刚蒙蒙亮，南关街李家湾的童声便朗朗入耳，不用说，系李平章一脉之子孙又在做功课了，五朝元老李平章堪称宜章的一张名片，一门三进士的佳话自然归功于李平章家庙的教化。

家庙是一脉公孙进行宗族教育的重要场所，这里传承的是家庭文化，麻田蔡氏婆婆祠我去了三五回，次次都有不同的领悟，其词也烂熟于心了。

蔡氏兰英守节操。夫丧穷泉，妻侍翁幺。立祠设位在麻田，皇后褒封，辛卯仪诏。

香火千年袅袅飘。族旅凄凄，祭路迢迢。婆婆端坐正中央，护守欧阳，以壮昆苗。

智慧铸师魂

走进蔡氏婆婆的故事,瞻仰这位皇后敕封的"大汉旌表蔡孝妇夫人"。她十六于归,次年守寡至二十八岁,因节孝立封而享誉千古,给她再高的荣誉也不过分。无论怎样改朝换代,榜样的丰碑一直矗立在后人的心地,成为教化后代子孙的活教材……

不知不觉夜已深,我居然毫无困意,一如既往地流连在《宜章百景》里,陶醉在《宜章百景》中,那景、那文、那诗、那词、那联越嚼越有味,越嚼越起劲,真是百般风味聚心头,看来,这辈子注定是放不下了。

宜章诗词的当代价值

宜章地域有着悠久灿烂的历史，也创造了同样悠久辉煌的文学，在文学的各个门类中，因诗词独具的特点，其传播尤其广泛，其影响尤其深远。时至今日，又一卷宜章文坛之大集《宜章诗韵》婴儿般呱呱坠地，是那样鲜活，是那样灵动，是那样地道。

宜章诗词，古来靓之，在《宜章古今诗词选》里，先生们有如群像般闪亮登场。他们的诗风词风，他们的成就造诣，目睹了的，当有中肯的点赞，用阶段来量衡宜章诗词，这一篇暂且翻过去，把目光聚集在近几十年的诗词净土里。

不错，宜章的诗人、词人们当然记忆犹新，诗词方家赵炎森先生的一句鼓励，至今仍然暖心暖肺——"领军诗坛"，是宜章骚人的梦想，更是宜章骚人的追求。十五个年头来，宜章诗词既有个体的张扬，也有群体的喷发，聚而汇之，线装成宜章新时代的一部"百科全书"，从这个意义说来，宜章诗词在当代不仅有面向学校和科研机构所体现出的教学价值和学术研究价值，更有面向宜章社会体现出的文化价值和精神价值。学习宜章诗词，对于每一位宜章人来讲，都有多方面的意义。

一、宜章诗词是宜章文化、宜章精神的殿堂

宜章人民创造伟大历史的过程，同时也是跨越困境、不断前行的过程。要想认识本土坚实厚重的历史，了解她的崇高与苦难，完全可以从了解宜章古今诗词入手。诗歌是诗人对所处时代的描写和反映，堪称生动形象而又具体真实的历史记录。大家熟悉的《诗经》，信手一捞，就能抓一大把例证。《豳风·七月》里对先民们四季繁忙劳动有生动叙述，《秦风·无衣》再现出士兵在战场上的同仇敌忾，古今莫不如此。宜章的诗词也有着从继承中发展和从发展中继承的履历，其诗词无不打上了时代的烙印。《抗战名将陈光》："首战平型夺命关，大刀奋起斩千顽。黄河边拭老娘泪，东鲁地挥神骥鞭。回护梁山游击术，竟成逶寇摄魂篇。勋功五捷谁能史？骁将英名彻九天。"直观地描绘了抗战名将邑人陈光奋勇杀敌，战功卓著的画面。究其根本，诗歌的产生总有它的社会根源和文化背景，不少诗作和词作还有具体可考的"本事"。一部诗史向来都是以本土历史作为基石的，文史相通，密不可分。诗词所提供的历史信息有其自身的优越性，包含一种审美认识，使学习知识与审美活动融合统一，因而趣味性强，易为广大民众所接受。

宜章民众依托优秀的传统文化，逐渐形成了积极进取、友爱和谐而又坚忍不拔、威武不屈的性格。《周易》中的"天行健，君子以自强不息"和"地势坤，君子以厚德载物"，正是对宜章人性格的绝佳诠释。诗词是思想和情感的双重结晶，是文化思潮的自然产物。宜章诗词是宜章传统文化精神具象化、个性化的显现方式。宜章文明是整个中华文明的传承和发展，以儒家思想为其骨干，又容纳吸收了道家、法家和佛家等各个思想流派，形成了完

整统一的有机体,在宜章诗词中都有体现。宜章诗人、词人卷里,有着明显的传承痕印,李白的、杜甫的,抑或王维的,李风杜风王风,风靡了百年千年,分娩出成千上万的隔代庶传弟子。诗人杜甫、李白、王维分别被称为诗圣、诗仙、诗佛,正好大致对应了儒、道、佛这三个流派。宜章的诗词卷,大多数诗人、词人,儒、道、佛兼而有之,缘于文化底蕴和个人阅历的差异,在作品里彰显出来的是多样性色彩,老把式黄振球、李振干、萧百中的诗词中规中矩,平仄规范,诗情词意厚重大气,而邓湘宜、刘新颜、李相邻才博学广,情系民风民情民生,诗中体现的多是儒家那种关爱苍生、兼济天下的胸怀。初入诗道、词道的写手,正可谓不知天高地厚,颇有些狂放不羁,要求冲破一切外在束缚的自由精神可归入道家。可不是吗?"玩诗请上最高层,古韵新词万里行。九品离骚追李杜,一行绝句醉千人。"李白的浪漫是有道圈着的,他并非不管不顾的少年狂,形随神走才能契合道的精髓。邓佑宜、谭德楠、谢水军们的诗词作品充满了寂静出世的禅意,如《红尘客旅》:"花开花落几回春,云卷云舒半幻真。沧海遗珠杯底月,蝴蝶寄梦镜中人。十年踪迹十年泪,一寸相思一寸心。天地无非迎客旅,文章不过续红尘。"什么是人生?说破了就那么一点点——在天地间当了一回过客而已,此便是禅趣的真实写照。对于今天的民众而言,学习宜章诗词是了解宜章文化精神的快捷有效且易于实行的方式。在阅读当中,我们能够体认到祖先数千年来始终坚守的精神血脉和心灵家园,这血脉几经骚人们大爱献血变得更漫长了,这家园几经骚人们无私翻新变得更富丽堂皇了,这正是宜章文化生生不息的重要原因。

二、赏识进宜章诗词，拔节的是自信心和自豪感

每个民族都有本民族的语言，也会用这种语言撰写诗歌。从一定意义上说，诗歌将本民族的语言之美发挥到极致。古代汉语以单音词居多，一字一音，字音中包括声母、韵母、音调三个组成部分。围绕这一特性，中国古典诗词有很多篇幅相对短小的抒情诗，语言极为精炼传神。例如，五言绝句仅二十个字，词中还有更少的《十六字令》，七言律诗也不过五十六个字。古典诗词以抒写内心诗情为基本维度，以塑造鲜明意境为主要旨归，普遍讲求用韵、对仗、平仄的规则。这充分彰显了汉语自身的意蕴之美和声韵之美，达到了"笔落惊风雨""篇终接混茫"的高超艺术境界。汉语的民族特色使中国古典诗词在世界文学之林中具有独特的地位。汉字的稳定形体，更是让古典诗词具有了跨越时空的艺术效果。唐诗中的许多名篇，今天的中、小学生都能背诵许许多多，并依然能体会到其中的情感和意味，并不存在巨大的语言障碍。

宜章诗词，也具有古典诗词的这些特质，许多语文老师在进行古典诗词教学过程中，适当地推介宜章当代本土骚人的代表作，收到了非常好的教学效果，理科老师听了，也赞不绝口。如我曾写过一首《好人气候》："三九又何妨，孤寡心房。殷殷关爱八千方。和煦春风拂老树，憧憬前方。独自不依栏，无限村光。别时贴肺见时欢。暖雨润花芳永驻，寿欲天长。"一个教学班的学生，吟诵两遍就有一大半背得出来，连讲解都显得多余。此诗最显著的特点是口语化，通俗易懂。那天，恰好有上级领导来检查工作，碰了个巧。"宜章还有这么好的诗词，难得！"其实，中肯地评价，这首诗在宜章诗词里，当放在"大路货"的序列里，比这上乘的

何止百千。《牧羊女》《雨中野浴》《答女儿》《习诗乐》《童趣》《赏雪》……这些个诗词才配是好东西,是精神食粮中的佳肴。这些诗词与中国古典诗词和传统诗词有着千丝万缕的关联。凡此种种,都充分说明了宜章诗词不凡的成就与重大价值,值得我们骄傲和自豪。

不仅如此,由于这样或那样的因素,宜章好多人对于宜章本土的好东西知之甚少,仅就风景而言,许多人只晓得有个热热闹闹的大莽山。得益于旅游开发,得益于文人骚客的鼓与呼,要不是三年多时间的上山下山,要不是反反复复的探寻采风,要不是大批量推出骑田岭的雅韵新词,宜章应该至今养在深闺之中,哪来的《"骑田风韵"书成感赋》《红军田》《黄岑水库垂钓》《咏骑田岭野生睡莲》《寺昌坪水库》?也就更没有后来的"骑田岭可圈可点的景点比莽山还要多"的说道了,宜章大旅游的构想至少要逊色许多。正因为宜章诗词在其间起到了桥梁的作用,旅游强县的自信心才会倍增,宜章诗词应该说是极好的例证。

三、宜章诗词有助于全面提升民众的思想高度和审美水准

流传千古的诗词是有其思想、智慧和高度的,我们常讲"诗品出于人品",这昭示了文学的道德评判尺度。诗人们将修身立德视为内在的自觉追求。"诗者,志之所之也。在心为志,发言为诗"。宜章诗词往往是骚人们崇高情怀的真实写照。邓湘宜是非常有个性的人,长期工作在法院,事无巨细,事事躬亲,且办事干练决断,"月移闲步叩窗棂,谓我合离手莫倾。圆缺虽成天下景,悲欢多系案中情。管悬十载沉沉握,镜破丁声次次惊。借得今宵盘玉照,清光送与影阴人"(《秋夜拟判》)。其审理案件的心路历程与思想情感抒发得淋漓尽致。刘新颜从教四十余年,无时无

智慧铸师魂

刻不心系学生的成长，诗作的字里行间透着为人父为人母的情愫。李继兴是带长的县级领导，其"万事当头民为本"的情怀跃然纸上。多愁善感的李相邠边走边唱，生活处处都有诗，都有独特的视角，都有独特的感悟，都有立身处世的哲理，八十七岁依旧壮心不已，钟情于"神州盛世山河灿，还有高峰待我攀"，当是他一生兢兢业业的写实。至于"有个病人牵挂"的黄勋，视医德为生命，真正践行了"彻底为人民，教导常萦心"。凡此种种，无不闪烁着高尚人格的光辉。善待自然、热爱国家、孝敬父母、关爱他人……所有这些优秀品质，都成为宜章诗词反复吟唱的主题。学习这样的作品，无疑可以让宜章人情感为之激荡，思想为之激动，心灵为之净化，增强内在的精神力量。

宜章诗词是思想性和艺术性完美的统一，不仅能给人思想的启迪，更能给人艺术的享受。宜章诗词在用字、章法、个性等层面上都有不懈的追求，也取得了不菲的成绩。邓佑宜在讲座中就反复强调"好诗不厌百回改"，鼓励骚人们向古人学习。写手们都晓得，贾岛对"僧推月下门"还是"僧敲月下门"反复斟酌，留下了"推敲"的佳话，也晓得齐己也因郑谷改动了他诗句中的一个字而称郑谷为"一字师"，宜章诗人好拜师求教，师改、互改蔚然成风。诗人圈里流行着这么一句话："诗人的心里，没有成熟，只有成长。"真可谓活到老学到老。人们细嚼《莽山鬼子寨瀑布写意》："匍匐万壑只为喷，岂吝全身碎作尘。盖世凌空一呐喊，云山荡起楚雄魂。"于一唱三叹中，于大开大合里，就能玩味出宜章诗词所能给予人们的艺术体验是多么的细致入微，若能长期沉浸于其中，必然会形成高雅的艺术品位。

当然，这一点是不容置疑的，宜章诗词不仅适用于书面阅读，而且适用于口头传播。我们现今除了品读、书写之外，还可以吟诵和歌唱。吟诵的本真是强化诗词固有的声韵美，更好地体味诗的情感和意境，可以说是"因声而入情"。吟诵带有强烈的自主体验性，每个人的吟诵都可以与他人不同，非常适合自主实践。宜章诗词本来就有着供诗乐结合的元素，宜章期待当代的作曲家们青睐宜章诗词，为宜章诗词配乐谱曲，让它们可以用于歌唱。声情并茂地演唱宜章诗词，能够让宜章诗词激发出新的生命力。

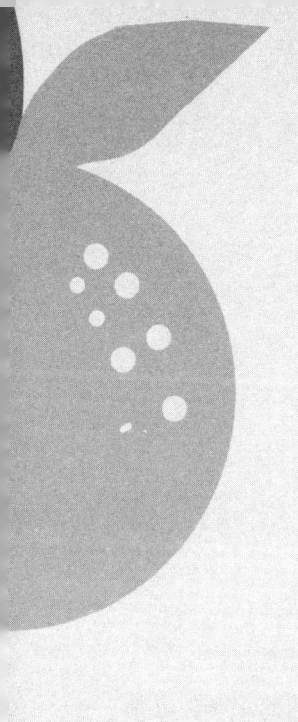

媒体写真篇

师心如母，爱无限

——记张小玲

一位班主任热爱自己的班级，就像母亲爱自己的孩子一样，亲情、柔情、得意、专注、深沉。她备尝班级管理的艰辛，但她无怨无悔，虽苦犹甜。她始终以陶行知先生的教诲作为生活信条——"捧着一颗心来，不带半根草去"。所带班级多次被评为优秀班集体，教学质量名列全区前茅，她本人被评为优秀班主任，她就是郴州市22完小79班班主任张小玲。

一、半路接手，创佳绩

2012年下学期，正值学校面临全面化解大班额攻坚战，班级数量增多，班主任人选严重缺编，几经会议，还是有3个班没有合适人选。张小玲也知道学校的难处，而自己又处在休产假期间，孩子才3个月正是哺乳期。一天张小玲从同事耳边闻讯，袁校长很想她带一个高年级班，说她是最佳人选，张老师听后内心燃起了激情，她想到做到，当天晚上就电联住在乡下的父母亲，讲好孩子马上断奶，把孩子放到乡下，让父母帮忙照顾。第二天张小玲主动来到校长室，开口就说："学校困难，人人有责，我把家事安排好了，分个班给我管吧！"说完就走了。校长和在场几位主任感到惊讶，在关键时刻，她能舍家为校，舍己为人，真是了不起的老师。此时一位政教主任说："有了她的出现，那个'刺儿头班'就安到他身上最合适。"就这样张小玲接下了一个高年级79班，该班学生50人，男生26人，女生24人，其中留守儿童24人，孤儿3人，半孤儿5人，特困学生6人，有3名从外地转来的高官子弟是全校有名的调皮生、双差生。语文成绩排全校倒数第二。半路接下这个班，如何带好这个班，她苦思冥想，第一件事就是拿出学籍卡，熟悉全体学生的基本情况，并细心地摘录出他们的出生年月日，然后根据各人的属相，买来了相应的生日贺卡，每当他们过生日的那天，她就买些学习用品送上那满载着祝福和希望的小贺卡，周××同学是全班最"打眼"的一个，脑子聪明灵活，有号召力，但经常犯自由主义，肯迟到、旷课，爱逗女学生、说痞话、出风头，是班级最捣乱的人。3月29日是他的生日，张老师特意利用早读课当着全班学生的面向他送上一张属于他的贺卡，并带领全体同学向他说了一句："祝你生日快乐!"接着唱响了"生日快乐"歌，这歌声触动了他的心灵。立即，愧疚、自责、感激等复杂的情感都写在了他的脸上，他低着头向大家鞠了一躬，眼眶涌出了泪水。从此以后，他像换了一个人似的，从来不迟到、旷课了，而且还主动要求担任班里的劳动委员，承包了班级负责的4个公共卫生区的监督工作，他的学习成绩也突飞猛进，期末被评为"三好学生"。

周××的变化给全班带了个好头，期末测评，79班语文成绩由原来的全区排名倒数第二，越为全校第一，该班被评为优秀班级。

二、老师：第二个妈妈

小学生的生活是那样的天真无知，抚育好这些孩童无疑是一位称职的妈妈，合格的园丁。一天下课了，孩子们争先恐后涌出教室分享 15 分钟的玩乐之趣，唯有×××在教室里一动不动，张老师很快地走过去发现×××的座位下一滩水，裤子湿漉漉的，心里咯噔一下，×××遗尿了，凛冽的寒风冻得×××瑟瑟发抖，张老师当即把×××抱到自家房子里生火、换衣，洗净衣服，两只手冷得失去知觉。

2018 年上期，班里出现一起突发事件，一个叫何思瑶的女生与后排一个男生陈旭航在课间时因位置的宽窄问题发生争吵，无意中还动起手来，何思瑶的鼻梁左侧受了点皮外轻伤，张老师带何思瑶到医院检查并涂了药，医生说没大事。第二天何思瑶家长到学校闹事，要求班主任责成陈旭航的家长赔偿医药费、毁容费等，否则要以牙还牙。面对家长的斥责，张老师很冷静，当场表态如果有破相、毁容的后果她承担一切责任。当天下午张老师自费租车带何思瑶到市人民医院检查并开具了相关证明，晚上又亲自到何思瑶家家访，并辅导当天耽误的课程，家长被张老师的举动所感动，拉着张老师的手不停地道歉和致谢。从此，何思瑶爸爸对班级工作很支持。一个星期天他带上工具来班级修理课桌凳 24 张，为学校节约六百多元，受到校长的表扬。

班上有位孤儿叫×××，今年上期开学时，外公不想送她上学了，想带她一起去捡废品，张老师得知该生是一个建档立卡的贫困生，怎能因贫困不上学呢？张老师就决定上门劝学，一次、二次、三次，还是无效，第七次上门正遇滂沱大雨，张老师满身湿透……×××的外公感动了，握住张老师的手说："凭你这片真情，我再穷也要把她送去读书！"

在张老师的关心下，该生由原来的中等成绩，上升为全班第二名，其间张老师为该生垫付生活费、医药费、学习用品达1260元。

三、以身示范，严格要求

行动是最好的命令，要求学生做到的，首先自己做到。刚接班时，为了提高学生们的写作水平，为了随时了解学生的思想动态，她要求学生经常写日记，她自己也坚持写日记，还把自己的日记读给同学们听，以启发学生的写作热情。

为了改变少数学生写字马虎、作业不整洁的习惯，张老师利用星期天组织他们到医院去参观，看医生怎么看病开单的，护士怎么配药打针的，并提问：学生假若随便开单、配药会有什么后果？医生护士会承担什么责任？学生耳闻目睹感悟深刻，受到启发。

有时她制作多媒体课件，将司机因喝酒开车酿成车祸、柜台员因粗心数错钱给别人、技术员因马虎设计造成巨大损失等信息制成图片让学生看，学生看后触目惊心，收获多多。

几年来，在张老师的眼里，班级的学生长大了，成熟了，不再冲动，不再意气用事，班级入学、放假时的纪律涣散等不良现象得以改观，形成了讲文明、懂礼貌、勤学习、作贡献的良好风尚，受到全体教职工的好评，并摘取了"文明班集体"的桂冠！

班主任工作千头万绪，"半路接班"更是难上加难，但只要付出真情，没有融不化的坚冰，洒出的是辛勤汗水，收获的是累累硕果。

(原载《郴州日报》)

智慧铸师魂

闪光的青春

——记宜章县鑫远（第十一）中学青年教师

宜章县鑫远（第十一）中学是一所为缓解义务教育大班额现象而成立的乡镇初中，现有学生1560人，教师70人。与别的学校不同的是，这所2017年才成立的新学校，教师大多为年轻人。三年时间里，得益于学校正确的教育理念、有序的校园管理，这些青年教师迅速成长为"挑大梁"的骨干，他们爱岗敬业、勤耕不辍，不仅让自己的青春在拼搏奋进中闪光，更为乡村教育注入了新的活力与希望。

爱生乐教勤耕耘

2017年8月，刚从湖南第一师范毕业的肖体霞来到刚成立的宜章县鑫远（第十一）中学，教数学科目并担任201703班的班主任。虽然年轻，但肖体霞工作认真负责，她教的班级数学成绩在同年级班级中名列前茅。之后，肖体霞被学校委以重任，担任了学校的教务主任。教学是能手，做管理肖体霞也毫不逊色，她处理问题井井有条，工作作风稳重细致，教务工作可圈可点。

在宜章县鑫远（第十一）中学，肖体霞以工作努力而著称。即使身怀六甲，她仍然兢兢业业地工作。今年6月底，正是学生期末考试的紧要关头，大腹便便的肖体霞老师也临近了预产期。为了学生，她一直坚守岗位，生孩子的前一天还在学校忙碌着。

听说肖体霞老师休产假了，返校后可能接手新的班级，201703班的学生家长着了急。肖老师管理有方，作为班主任老师，她深得学生喜欢、家长信任。眼看着这批学生就要升初三了，此时若更换班主任老师，会不会影响他们的学习？肖体霞了解到家长们的担忧后，她考虑再三，决定提前返校，继续担任该班的班主任老师。

9月新学期开学，只休了两个多月产假的肖体霞返校了，为了学生，她不得不放下襁褓中的孩子，每天5点半就起床，匆匆赶到学校，带着学生们晨跑、晨读。有人劝她何苦这么拼？肖体霞老师却说："这批学生从初一我就接手了，201703班是我职业生涯带的第一个班级，学生们就和我的孩子一样，我希望陪着他们读完初三，送他们升入高中。"

爱生如子的教育理念，让肖体霞老师柔弱的身躯迸发出强大的能量，她的言传身教也让学生们在感动之余明白了何为拼搏，大家努力学习，成绩稳步上升。

攀登高峰志气高

2018年11月，宜章县鑫远（第十一）中学的谢薇老师获湖南省中小学教师课件比赛二等奖。得知谢薇是个参加工作不久的年轻老师，评委与同行们都非常惊讶。

智慧铸师魂

这不是谢薇第一次在教学竞赛中获奖。2018年，她就在宜章县新进教师教学比武竞赛中荣获英语学科一等奖，2018年5月，她的论文在2018年度郴州市教育教学优秀论文评选中荣获二等奖，同年11月，又获得郴州市2018年度中小学信息技术与教育融合研究三等奖。

这些成绩的取得不是偶然。平日里，谢薇花了大量时间精力进行教学研究。即使已经担任学校教研室主任，她为一堂课备课所花的时间都在2个小时以上。在吸收资深教师教学经验的基础上，谢薇还注重教学反馈，一旦发现学生学习效果不佳，她会及时反思并调整教案，这种不拘泥于固有模式、一切从学生出发的教学理念，收到了良好的效果，谢薇老师的课堂深入浅出，气氛活跃，学生们喜欢听她的英语课，成绩提升很快。

宜章县鑫远（第十一）中学鼓励青年教师通过网络平台向名师学习，主动探寻教育教学规律，积极解决课堂上的问题，同时，教研组的教学探讨、互相磨课也形成了常态机制，一批像谢薇这样的优秀教师脱颖而出——该校18名教师在市、县青年教师教学比武中获一等奖，5名教师在宜章县教学比武中获二等奖；一百余篇教育教学论文在省、市、县级论文评比中获奖；7名教师在省微课、课件评比中分别获一、二等奖。

老师们潜心教学、勇攀高峰的工作状态，换来了教学水平的不断提升。2019年，宜章县鑫远（第十一）中学在七年级郴州市质量检测考试中，综合成绩全市排名第十五，宜章县排名第二；该校获得宜章县教研、实验、教育信息化先进单位、宜章县教学质量监测试卷分析优秀单位。

培育才俊甘为梯

随着时代的发展，创新能力已成为 21 世纪人才必备的素质之一。为了促进青少年科技创新能力的发展，中国科协每年都会举办全国青少年科技创新大赛，省、市、县也会举办类似的大赛。尽管越来越多的中学以科技创新大赛为契机，组织学生进行科技创新实践活动，但鲜有乡镇初中学校将科技创新作为培养人才的着力点，正因如此，成立仅三年的宜章县鑫远（第十一）中学成立校长挂帅的科技创新教育领导小组时，很多人并不看好。

在这样的背景下，青年教师吴婕走马上任宜章县鑫远（第十一）中学电教中心主任，并具体负责学校科技创新教育，觉得压力很大。

但年轻人不服输、力争上游的个性，让吴婕决定迎难而上。她发动各班班主任老师，从每一届学生当中挑选 30 名学习基础好、有科技创新兴趣爱好的学生作为重点培养的"苗子"，又根据学生实际情况制定了培训内容，辅导学生搞小发明、小制作和小论文，事无巨细，甘为人梯。2018 年，她组织学生调研纸厂废水对当地环境的影响，2019 年，则带领学生收集当地物种信息，进行科普活动……

功夫不负有心人。在 2018 年郴州市举行的第四十届科技创新大赛的科幻画项目中，宜章县鑫远（第十一）中学学生获得两个市二等奖，五个市三等奖；在 2019 年湖南省举行的青少年科学调查体验活动中，该校学生获得一个省二等奖，两个省三等奖。

面对赞誉与肯定，吴婕却不骄不躁，依然勤勤恳恳地工作，

智慧铸师魂

她说:"培养学生的科技创新能力,是每一个教育工作者不能回避的课题。我想通过自己的努力,为乡村的孩子打开一扇科技创新的希望之窗。"

(原载《郴州日报》)

崇德守信，向上向善

1990年出生的黄丹毕业于湘南学院，2012年7月至2017年8月在宜章县天塘镇东风中学任教。2017年8月，黄丹考入宜章县湘南红军学校，现为该校初中部教师、班主任、团委书记。她敬业奉献、锐意进取、任劳任怨，得到了学校领导、广大师生、家长的一致认可，先后荣获"宜章县优秀教师""宜章县优秀班主任""宜章县教学能手"等称号。

关爱学生，无私忘我。在黄丹心中，学生永远是第一位的。

她关爱留守儿童，每天抽出时间找学生谈心，努力发现他们身上的闪光点，抓住教育契机，适时表扬、鼓励。她关注学困生，耐心进行辅导，常用自己的工资购买小零食奖励进步的孩子，用心用爱去呵护每一位孩子的心灵。对于困难学生，黄丹给予特别的关注，协调科任教师一起进行帮扶。有付出就有回报，学生对黄丹由衷地爱戴，亲切地叫她"丹姐"，师生关系很融洽。

2015年，黄丹被检查出卵巢囊肿，手术后医生叮嘱她要注意休息，但黄丹心里惦记着学生，术后五天即强烈要求出院，克服身体不适回到教室，辅导学生学业。女儿出生后，黄丹还是一心扑在工作上。由于爱人不在宜章工作，女儿上学前，黄丹总是带着孩子去上班。往往忙完工作后，她才会想起女儿来，这时，女儿已经困得睡着了。

锐意进取　追求卓越

为了抓好班级管理，黄丹把办公室直接搬到了教室，在教室最后排摆了一张学生课桌。学生上课时，她就在教室办公，同时监管课堂纪律，提醒上课开小差、打瞌睡的同学。大课间时，她同学生一起跑操，监督学生练习仰卧起坐、引体向上等体育中考项目。她十分注重与科任老师的协同，凝聚团队力量，共同做好教育教学工作。凡是科任教师反映的问题，作为班主任的她，总是第一时间给予协调解决。无论在哪所学校任教，黄丹所带的班级都是班风正、学风浓、家长信任的先进班集体。

黄丹不仅班级管理工作做得好，其他各项工作也锐意进取，追求极致。她是学校团委书记，在团委工作中，她以党建带团建，落实立德树人教育。利用每周的升国旗和国旗下讲话对学生进行爱国主义教育、革命传统教育、思想品德教育；开展向雷锋学习、向江梦南学习等活动，引领学生向上向善；组织开展爱心募捐活动，帮助困难学生家庭渡过难关。

黄丹在英语教学上精益求精，她带的班级课堂气氛活跃，学生学习兴趣浓厚，英语成绩超过同层次班级。2021年，她报名参加宜章县第二届中小学青年教师教学竞赛，经常加班到凌晨一两点钟，每一个教学设计和课件都反复修改，每一次磨课都反复推敲细节，最终过关斩将，斩获了宜章县第二届中小学青年教师教学竞赛初赛第一名和决赛第一名，荣获了"宜章县教学能手"称号。随后，黄丹代表宜章县参加郴州市第二届中小学青年教师教学竞赛，夺取了该竞赛二等奖。在2020年郴州市"停课不停学"教育教学活动中，她开发的教学资源荣获郴州市一等奖；2021年，她开发的英语精品课先后被评为市、省级优课；由她领衔的黄丹初中英语工作室成功入围湖南省初中英语名师网络工作室培育名单。

金杯银杯　不如口碑

对于教师的评价，学生和家长是最有发言权的。很多学生及家长在私聊时或家长群里，经常留言表达对黄丹老师的感激之情。

1903班肖同学上学期开学不久，家里祸不单行。他的父亲出车祸去世，接着，外婆去世，他只能跟着奶奶过。后来他又不小心被开水烫伤了一只脚，住进了医院，前后差不多请了一个月假。对肖同学的情况，黄丹很关注，在他即将返校之际，黄丹就在1903班科任教师群里对他的情况进行了介绍，并对科任老师们说了一段情真意切的话："这孩子很懂事，之前成绩是比较好的，这个学期可能请假过多，估计成绩会退步，但是基础还在。还希望各位科任老师有时间可以辅导一下，多帮帮他，这孩子命苦，但是他很自觉，我相信他自己也会争气。希望大家能多关照他！拜托大家了！有什么问题都可以反映给我。"肖同学辗转看到这段留言后很感动，他给黄丹老师发了一条感谢短信："看到这番话感动得流泪，谢谢你黄老师！"

班上卜同学家长对黄丹说："感恩遇到这么负责任的老师。您是孩子崇拜的人，他考不考得上高中，拼尽全力了，就无悔了。

黄老师辛苦了!"学生和家长的信任是黄丹前行的动力,她说:"每带一届学生我都告诉自己:我的努力可以让五十多个家庭安心!我的一份付出可以产生五十倍的回报!"

星光不负赶路人。近日,在第四届"新时代宜章县向上向善好青年"评选活动中,黄丹被评为"崇德守信"好青年。未来,她的教育之路会越走越宽广。

(原载《郴州日报》)

精准扶贫著华章

"我们从事的精准扶贫，是党领导下的精准扶贫；是检验党员干部不忘初心，牢记使命的精准扶贫；是全体教职员工群策群力，集思广益的精准扶贫。培养好一个贫困生，等于脱贫一个家庭，助推一个村落……"7月6日，宜章县第十一中学精准扶贫阶段总结会在阶梯教室召开，会议由分管政教的副校长李智杰主持，党支部书记、校长李俊作总结发言，他着重阐述了三个方面的斩获。

励志扶贫促发展

十一中是一所年轻的学校，教师平均年龄不足三十岁。年轻老师头脑灵活，思维敏捷，敢想事，敢谋事，善做事。在年轻老师心里，办法总比困难多。

精准扶贫，是学校教育教学的一个重要课题，支部引领，党员垂范，全员参与，积极作为。是的，事是人做出来的，心有多大，事业便有多大。学校有建档立卡等贫困生一百三十五人，他们普遍表现为不自信。究其根由，与其成长的家庭环境、家庭教育息息相关。七年级有一个姓杨的贫困生家长，是当地有名的上访专业户，他不致力于做大脱贫的文章，一天到晚钻的是等、靠、要，别人弄到了的，他一定要讨到，别人没谋到的，他想方设法也要赖到，稍不如意就上访，无事生非，惹人讨嫌。他的言行举止给学生的正面教育带来不良影响。老师们家访、调研了解到，有诸如此类想法的家长和贫困生为数不少。针对贫困家庭和贫困生的现状，学校用活动凝聚贫困生，用活动教育贫困生，用活动激励贫困生，有针对性地开展了系列帮扶活动。帮扶的老师有计划地一对一给帮扶学生讲励志故事，让贫困生知晓，人不可有傲气，但必须有骨气；学校开展励志演讲比赛，励志作文比赛和励志格言大比拼，让贫困生谈经历、谈感受、谈成长。帮扶老师们八仙过海，各显神通。肖体霞老师率先引进"三大步"励志教育德育项目，通过诵读励志信、冥想反思、自我评价三大步，引导贫困学生在诵读中建立积极向上的道德认知，让贫困生在反思中得到积极的道德情感体验，引导贫困生在励志活动中建立积极向上的道德认知。励志教育活动让贫困生懂得，出生的家庭环境不能选择，但未来的命运可以靠自己的奋斗而改变，让贫困生知晓，贫穷并不可怕，可怕的是没有了理想和目标。能动脑筋，爱动脑筋，善动脑筋的邱锦旗老师以年级为单位，聚集贫困生，开拓性地开展比、学、赶、帮、超活动，用活动弘扬正能量。一个接一个的活动，让许多贫困生克服了胆怯、卸下了自卑，拥有了积极向上、乐观的学习和生活态度、树立了明确的奋斗目标，并为目标全力以赴。

贫困生的成长是有目共睹的，许多贫困家庭看在眼里，喜在心上，情不自禁地竖起大拇指点赞，夸学校工作做得到位，说"让我们家的孩子不但收获了成绩，还长高了理想"。真是一语中的。正因为学校开展了一系列有益于贫困生心身健康的活动，他们在成长的同时，学校的教育教学也有了长足的发展。

学业帮扶上台阶

说到底，学生入校是来求学的，学习的效果体现在学业上，上面说了，贫困生中的很大一部分厌学，没有养成良好的学习习惯，没有端正的学习态度。他们开口闭口"我不是最差的"，比上不足，比下有余，上进心不强。针对贫困生存在的种种倾向，学校行政多次开会调研，下大力气做大学业帮扶文章。

简而言之，在学业帮扶方面，学校坚持以贫困生为中心，以需求为导向，以辅导为主线，以提高为根本，把指导贫困生学习发展与引领贫困生思想成长结合起来，统筹学校教育教学资源，健全工作体制机制，准确把握贫困生学习脉搏和发展需求，积极探究发展性学业帮扶，提高贫困生的学习兴趣，挖掘贫困生的学习潜能，激发他们的学习积极性及内在动力，提高他们的学习能力、探究能力和创新能力，促使他们全面发展。

学习帮扶是一个具体而又琐碎的帮扶工程，其具体做法是采取一对一咨询、多对一会诊、一对多辅导、多对多座谈等方式，以学习动力提升、学习习惯优化、学习方法辅导、学习问题答疑为主题，召开学习方法交流座谈会，建立学习兴趣小组，创建读书会，在活动中帮扶贫困生，提高贫困生，发展贫困生。特别值得一提的是，老师们创造性地工作，累积了许多成功的经验。白志奇老师的英语帮扶很有特色，在单词里面找共性，衍生出规律记忆法；李智杰老师的政治帮扶颇有个性，他运用目录记忆法，引导贫困生先把一本书读薄,再把一本书读厚,帮扶效果显著;教学不到一年的小邓老师,尝试一课一得,助推贫困生把三十六个知识点渗透进三十六篇课文,收到了事半功倍的教学效果,在老师教我学和我自己要学的途路上迈出了可喜的一步,拓宽了贫困生自学的空间。的确,授人以鱼不如授人以渔,十一中许多年轻老师在帮扶贫困生的同时,自己也在快速成长,逐步完成了由知识灌输到方法引领的蜕变,而手拿钥匙打开知识宝库大门的贫困生不仅尝到了学习的甜头,收获了学习的喜悦,增加了学习的自信心,而且学会了读书,提高了自学能力。老师们感叹,抱着贫困生走,推着贫困生走,哪比得上贫困生"我要自己走"!教学方法的更新,教育理念的升华,全面助推了贫困生学业成绩的提升,2019年下学期,三个年级贫困生的人均成绩提高了13.8个百分点,这是学业帮扶创造的骄人成绩,称之为上了一个台阶,一点儿也不为过。据悉,2020年湖南省示范性高中宜章一中招收的九十余名素养生中,十一中的有8名,受惠帮扶的就有5名,算得上是一个有力的佐证。

解囊助学凝大爱

宜章是出好人的地方,好人协会引领宜章人行善事,做善人,助推地方慈善事业的发展。

犹记得义工一号袁贤光说过一句十分经典的话:"如果我是富人,匀一点钱做善事,我依旧是富人;如果我是穷人,挤出一点钱做善事,我照旧是穷人,但不会穷到哪里去。"这当是宜章好人的缩影,也是宜章好人的真实写照。十一中也有不少这样的好人,他们是任课老师，有的还是班主任。一个单元测试完了，教数学的张老师、教外语的白老师、教语文的黄老师，瞅着帮扶学生像芝麻开花节节高的进步，喜在心里，买一个笔记本或一本书奖励学生，鼓励他们再接再厉，再攀新高。这一举措，在十一中算不上新闻，早已常态化了。三年来，这样的助学，没有人统计，也不会有人统计，因为这是应该做的，且很多事情不便用应该或不应该简单评价。世人都认为，最无私的是母亲，不求回报，事实上，为人父为人母的，付出的时候，有的已在为晚年计划了。唯有老师，在传道、授业、解惑之时，无不倾囊而出，何曾有过留一分半文养荷苞的念头，老师们对学生的爱才是地地道道的无私，包括他们的言与行，表与里，无不透着无疆的大爱。

是的，一所学校的生存、发展、升格离不开方方面面的支持，尤以爱心人士为最。宜章县第十一中学坐落在一六镇北岸村，校园文化引领乡村文化，提升乡村文化，难怪北岸人一提到十一中，开口闭口"我们屋上的学校"，那份亲切那份自豪那份眷顾溢于言表。瞧，时值凌晨两点，校门开了，一辆车急促驶进校园，又匆匆离去。不单班主任爱絮叨，受惠的学生爱絮叨，连周边的村落也津津乐道："准是北岸村的村医李大雄又来了。"一个"又"字，包含了李医生对学校几多的深情厚谊。对于十一中，李医生不仅随叫随到，而且开着私家车车接车送。"不能让我们的孩子病倒在家门口。"为着这句话，他日日夜夜兑现自己的承诺。李大雄是北岸村好人协会的站长，犹记得他自己小时候半夜发高烧父母背着去医院的情景，犹记得长辈的焦灼，为着让学生家长放心和宽心，如今已是医生的他恪守职业道德的同时，自觉自愿尽着为人父为人母的责任和义务。不仅如此，他还特别垂怜贫困生——只收成本费，对于特别困难的学生，则分文不收。三年来，他为贫困生减免了多少，学校不知道，连他本人也不知晓，因为从来没有算过。

无独有偶，同样出自北岸村的李松平，是一位成功人士。他是湖南永和包装公司的老总，2018年捐资一万，资助10个贫困生，2019年捐资2万，资助20个贫困生。当学校提出要为他的爱心善举做宣传时，一向低调的他婉言谢绝："我不敢打包票一定会资助他们读完大学，但只要我的公司还有利润，就会一如既往捐资助学。"说得多么质朴和厚道！李总是有思想有智慧有高度的生意人，虽然他从不出现在捐助现场，只委托儿子代行善事，但是，对于受助的贫困生，他要亲自考察，带着全家人一个一个走访，目的有二：一是受助者必须品学兼优，二是让自家孙儿受到教育，让孙辈知晓贫困学生成长的逆境，激励孙辈发愤图强。除捐赠之外，李总的家访及他教育后辈的方式，更是转赠十一中，这是对贫困生进行再教育的极品教材，是真正意义上的大爱之作。

（原载《中国新报》）

翰墨飘香沁校园，文化育人促和谐

宜章县第十一中学是一所新创办的县属初中，现有学生968人，老师51人，从2017年开办以来，短短一年时间，学校秉承以"快乐学习，健康生活，做一个幸福人"的办学理念，将德育、智育、美育等渗透于活动课程和校园文化建设等各个方面，师生在环境、活动中不断体验，不断提升，阳光、幸福、快乐地生活、学习。一年来取得了优异成绩，2018年上学期期中会考，排名全市第十六，全县第二。今年上期在开展教研和武术操训练活动中，县局和电视台进行了专题报道，一六镇政府授予该校"校园文化建设先进单位"。

一、重视教学研究，提高教育教学质量

开学伊始，该校把每周星期三定为"教研日"，广泛开展公开课和听课评课活动。为加强校际合作，挖掘教师潜力，加快教师专业成长，该校将"请进来"与"走出去"相结合。将省特级教师李晓珊、县教科所研究员、县三中、五中、九中等校骨干教师请进校园传经送宝。同时，该校还选派了部分青年教师至郴州、岳阳等地进行专业培训学习，派骨干教师至县三中、八中、九中、湘一等学校进行听课学习。

此外，该校还切实抓牢课堂"导、学、练、结"四步课堂结构，让学生每节课都学有所"得"。努力做到每课之间的连贯性，做到"一课一得，得得相连"。每日早读开展"十分钟预习课"活动，效果极为显著，在教师指导后学生自主预习，不仅让学生养成了课前预习的习惯，还提高了课堂的教学质量。在2018年7月郴州市七年级统考中，该校取得了全市第十六，全县第二的好成绩。

二、引进校园武术操，提升学校办学品味

为了促进学生身心健康发展、增强体质、提升活力，在2018年3月30日至4月1日，该校开展了"武术操进校园"活动。学生们兴趣高涨，积极参与。此外，还提倡学生每天在校活动时间不少于1小时。在校期间，早上，学生们迎着晨辉做武术操；在大课间，学生们随着明快的节奏做广播体操，武术操和广播体操过后，跑操活动持续进行。

三、注重班主任培养，储备班主任后备力量

学校现有教师51人，班主任有15人。让未任班主任青年教师到各班任副班主任，充分发挥有经验的班主任的"传带帮"作用。要求副班主任做到"五个一"，放手让副班主任去接触班级管理实际工作，要求他们参与班级管理，经常接触学生，了解学生思想、学习和生活情况，不断提高科学管理的能力。同时，该校每学期还组织全体教师开展一系列班主任培训活动，每月进行一期班主任经验交流会，使每一位班主任尽可能加快速度成长，每一位教师都做班级管理的行家。

四、坚持德育为首，注重学生养成教育

学校坚持每天5分钟集体训话，每周一次国旗下讲话，每周每班一次主题班会,每期一次男生女生心理健康教育讲座,把德育工作落实到学校管理每个环节、每个学科,做到全员育人、全程育人、全面育人。重视学生的行为养成教育,精心组织活动,主动抓,持续抓,久久为功。

五、营造校园文化,凸显学校办学理念

从创办起,该校着力加强校园文化建设,本学期通过不断完善,形成了独具特色的校园文化。营造良好的学校文化氛围,以校园广播、宣传栏为阵地,用图片、横幅、广播等多种形式建设校园文化;每个办公室的布置独具匠心,布置了书法作品、手工作品,办公场所书香四溢、雅致迷人;每个班的教室和寝室布置别具一格,有自己班级的班训,学生自己挑选的名人名言,精心培育的绿色植物;寝室在布置好内务的同时,进行了个性化的装饰。营造了良好的"家"的氛围,凝聚师生人心,展示师生才华。

今年3月上旬,该校开展了第一届寝室文化节暨文明寝室评比活动,大批文明寝室涌现出来,寝室内务、寝室文化效果显著。3月中旬,在教学楼走廊及各班级外墙均悬挂了励志宣传标语,这成了校园里另一道别致的风景。

六、提倡"三爱教育",对接教育扶贫

学校以"爱岗敬业、爱生如子、爱校如家"的"三爱"理念教育教师,逐步提炼"爱岗、敬业、奉献、幸福"的十一中精神。

为了不让每一位孩子因贫困掉队,152名建档立卡等贫困生均有教师对口帮扶,每周检查一次作业,每月谈心一次,每月与家长通话一次,每半期进行一次上门家访。每一位学生在结对老师的帮助下均取得了巨大进步。同时,学校着力提升教师师德修养。确立"教师素质,师德为本;教师教育,师德为先"的观念,开

智慧铸师魂

展以热爱学生、教书育人为核心,以"学高为师、身正为范"为准则,提高教师思想政治素质、职业理想和职业道德水平为重点的师德教育。

一年多来,新生的宜章县第十一中学历经了一道道关隘,一路艰辛,一路凯歌。潮平两岸阔,风正一帆悬。蓝图已绘就,蓄势正待发。站在时代发展的前沿,这所年轻的学校将牢记"努力办好人民满意的教育"的嘱托,定会砥砺奋发,上下求索,朝着建设有特色高水平中学的目标奋进!

新的起点,新的目标,新的辉煌。我们坚信,宜章县第十一中学的特色发展之路,必定扬己之长,乘势而上,越走越宽!

祝愿十一中的明天更美好!

(原载《郴州日报》)

原宜章县委书记王建球主持鑫远公司向宜章县第十一中学捐赠仪式

媒体写真篇

鑫远公司董事长谭岳鑫、执行总裁喻磊等一行向宜章十一中捐赠600万，用于教学楼建设

原宜章县委书记王建球向鑫远公司介绍宜章教育及宜章县第十一中学整体情况

智慧铸师魂

宜章县第十一中学新校落成庆典暨揭牌仪式隆重举行，县各级领导、周边各校校长及十一中全体教职员工欢聚庆典

宜章县电视台采访宜章县第十一中学"武术进校园"情况

媒体写真篇

宜章县第十一中学引进武术健身操，进行为期两天的艰苦训练

原宜章县第十一中学校长李俊主持"武术进校园"开幕仪式

智慧铸师魂

宜章县第十一中学武术健身操汇报演出

宜章县第十一中学开展第一届教师趣味运动会，充分展现十一中人的活力与热情，阳光与豪迈

媒体写真篇

宜章县第十一中学举行七年级行为规范训练，以军人的标准为要求，磨炼意志，修身养性

原宜章县副县长谷红梅一行指导宜章县第十一中学开学前准备工作

后 记

这是我的第一本文集。

当老师的,天天在撰写,钟情于教案,钟情于黑板。当论文提到议事日程的时候,看见别人获了奖,抑或是发表了,我便跃跃欲试,想一显身手,想证明自己的不赖。当然,更多的是想捞一个荣誉,收获一时的快感,从没想过要正正经经地出一本书。

展现在朋友面前的这本集子,是我当教师以来的一次大检阅,也是我从教二十多年在文论写作方面的一个小结。尽管这些文论还如此稚嫩、肤浅,但我非常珍视它们。毕竟,它们都是我用年轻的热情与真诚所精心孕育的啊!

蓦然回首,感慨颇多。叹早生华发,让灿烂美丽的青春时光,正一点一滴地从我紧握的手心滴落。这本文集,就权当一份经年大餐,权当一册青春备忘录吧。

正值文集出版之际,我要衷心感谢一直关心和支持我的亲人、老师和朋友。我取得的每一点成绩都有他们的功劳。我永远深情地爱他们,祝福他们。尤其需要一提的是我那相濡以沫、举案齐眉的爱人,是她倾心地孝敬公婆,培育孩子,承担了所有的家务,我才有充分的时间和精力,追求我所喜欢的教育事业。爱人是贤

后 记

淑的,作为回报,我的文集同时也是奉献给我那不离不弃的爱人的一道色香味俱全的大餐。另外,全国特级老师谢作塘、高级老师李石村为本书的新鲜出锅付出了大量的劳动,宜章县诗词楹联协会副会长陈荣华先生为本书作序,在此,都一并致以衷心的感谢!

本书取名《智慧铸师魂》,顾名思义,这是一本写给教师的书。我曾与许多教师交流过,他们说我的文论有思想、有智慧、有高度、有个性。思想、智慧、高度和个性,是我一生的追求。我的每一个教案,我的每一堂课,我的每一篇论文,我的每一次演讲,连同平日里的为人处世,我都用这几个字来衡量,我也致力于把学校办成有思想、有智慧、有高度、有个性的学校。

当然,我也知道,作为老师,作为管理者,我还很年轻,今后的路还很长,我会珍视自己的每一个脚印,写好今天的日志,做更好的自己,经营好自己所从事的伟大的教育事业。

李 俊

2023 年 3 月 8 日